Obtenga Su Porción

Obtenga su Porción

Una Guía a Riquezas Extraordinarias Para la Mujer Común

Julie Stav

con Deborah Adamson

BERKLEY BOOKS, NUEVA YORK

A Berkley Book
Publicado por The Berkley Publishing Group
Una división de Penguin Putnam Inc.
375 Hudson Street
Nueva York, Nueva York 10014

HISTORIA DE IMPRESIÓN
Berkley trade paperback edición español Febrero 2001

Berkley trade paperback ISBN: 0-425-17929-X

La dirección de Penguin Putnam Inc. en Internet es
http://www.penguinputnam.com

Biblioteca de Congreso Cataloging-in-Publication Data

Stav, Julie.
[Get your share. Spanish]
Obtena su porción : una guía a riquezas extraordinarias para la mujer común / Julie Stav, con
Deborah Adamson.
p. cm.
ISBN 0-425-17929-X
1. Stocks. 2. Investments. I. Adamson, Deborah. II. Title.
HG4661 .S7518 2001
332.63'22—dc21
00-051882

IMPRESO EN ESTADOS UNIDOS

10 9 8 7 6 5 4 3

*A mi padre, que me enseñó desde
pequeña que tener clase no tiene
nada que ver con tener dinero.*

AGRADECIMIENTOS

A Mami, que con su ejemplo y guía, mantuvo en mí la llama del orgullo de mi cultura natal. Gracias, Mami, por tu ayuda. No sólo has sido el símbolo de la esperanza en mi vida, sino el mejor diccionario ambulante que he conocido.

CONTENIDO

Nacimos para ser indomables = mujeres
(A pesar del poco tiempo)

Al escoger este libro has tomado el primer paso para asegurar tu futuro financiero. Sí, ya sé que estás ocupada. Tal vez en un brazo llevas un niño llorando, tienes un montón de ropa que lavar y una casa que le daría escalofríos a Martha Stewart. ¿Que no te queda tiempo para leer un libro y menos un libro de inversiones?

Déjame ponerlo de esta manera. Si has estado deseando aprender acerca de la Bolsa de Valores pero te erizas al pensar que tienes que enterrar las narices en un libro aburrido, no te preocupes. Vamos a divertirnos y aún así descubrirás los secretos de cómo hacer dinero en la Bolsa de Valores. Juntas, y de la mano, estudiaremos la información básica necesaria para saber cómo invertir. Te prometo que te explicaré todos los conceptos de finanzas en un español sencillo. Cuando hayas terminado de leer el último capítulo, habrás descubierto en ti a una persona totalmente nueva que no sabías que existía: ¡la indomable mujer inversionista que eres!

¡Anda! Dices tú. Lo más cerca a indomable que conozco es una blusa con estampados de leopardo que tengo guardada en el closet hace años. Pero a mi me consta lo siguiente: En mis veinte años de experiencia en el campo de la planificación financiera, he visto a miles de mujeres salir corriendo desaforadamente a la Bolsa de Valores en cuanto han aprendido a invertir. Ellas descubrieron que hacer dinero en inversiones es regocijante. Estas mujeres ya habían triunfado como madres y profesionales. Pero ahora han añadido una nueva personaidad: la de inversionista indomable.

Todo lo que yo hice por ellas fue darles a probar los frutos de la Bolsa de Valores, ofrecerles las herramientas para navegar las aguas financieras y el valor de seguir invirtiendo. Y ¡ay!, ¡ay ¡ay! ¡Han salido corriendo como una manada de mujeres que acaban de enterarse de una venta a mitad de precio en Macy's! Su estímulo ha sido el ver un mundo totalmente nuevo abrise frente a ellas, un universo que no conocían previamente. Este entusiasmo me recuerda al de los niños de primer grado que enseñé a leer cuando era maestra. Al descubrir la magia de la palabra escrita, se le abrieron los ojos con asombro frente al mundo que estaba a su alcance.

Hoy, seré una experta en la planificación financiera, pero de corazón soy aún una maestra. Permíteme enseñarte como caminar por la senda de la inversión y cuando tú hayas aprendido lo básico, puedes emprender tu propia senda. Después de todo, siempre he pensado que la marca de una buena maestra se manifiesta en el número de estudiantes que la sobrepasan. Pero antes que nada, vas a necesitar un lugar donde empezar. Este libro te dará los conocimientos básicos que necesitarás para empezar a desarrollar tu propia estrategia personal de inversiones. Te ayudará a fabricar un buen cimiento sobre el cual, a medida que pase el tiempo, definirás tu propio estilo. Después de todo, no hay una sola fórmula para invertir que funcione todo el tiempo. Si así fuera, no estuvieran todos esos volúmenes de libros sobre la materia en los estantes de las librerías. La verdad es que la mayoría de las inversionistas terminan por combinar varios métodos de invertir para crear uno que les funcione. El secreto de mi estrategia consiste en algo muy simple: ¡Sal con las acciones, pero no te cases con ellas! Pruébalas pero no titubées en decirles: "Gracias por una noche encantadora, buenas noches" a aquellas inversiones que no dan en el clavo. En las inversiones, como en el amor, tenemos que mantener los estándares bien altos y yo te voy a enseñar cómo. ¡Una vez que descubras esas grandes acciones, podrás colectar las ganancias!

Haz de tu vida una verdadera joya (No un zirconio)

Ya es hora de que las mujeres aprendamos a ser independientes con respecto al dinero. Amamos a nuestros hombres, pero ellos no estarán siempre a nuestro lado. ¿Sabían ustedes que nueve de cada diez de nosotras tendremos que valernos por nuestra cuenta tarde o temprano? Ya sea por motivo de divorcio, viudez (las estadísticas muestran que las mujeres sobrevivimos a la pareja por un promedio de siete años) o por quedar solteras. Gústenos o no, tendremos que poder mantenernos solas de una forma u otra. El asegurar nuestro futuro va más allá de trabajar para ganarnos la vida. Si fuera tan simple, no habría la necesidad de libros como éste. Tenemos que saber cómo ahorrar y, aún más importante, cómo invertir el dinero que ganamos para poder comprar una casa, pagar la educación de nuestros hijos y tener suficiente dinero para disfrutar de un retiro cómodo. ¿Sabes que una mujer jubilada de 65 años de edad hoy día puede vivir 20 años más y necesitará por lo menos $300,000 durante ese tiempo? Para poder tomar un crucero por el Caribe cada año necesitará aún más dinero.

Si eres dichosa de tener una buena herencia es aún importante que estés en control de tus finanzas. Es importante permanecer en control para que no dependas de los consejos de los demás, los cuales pueden ser erróneos y por los que pagarás las consecuencias.

Sí, hasta los grandes inversionistas profesionales en sus suntuosas oficinas pueden cometer errores. Esto sucede con mucha frecuencia.

A fin de cuentas, tal vez no nos agrade la idea de tratar de asuntos de dinero ahora, pero simplemente no nos queda otra alternativa. Es verdad que el dinero no puede comprar la felicidad, pero nos trae seguridad, libertad y poder adquisitivo.

Invirtiendo en la Bolsa de Valores es como puedes comenzar a asegurar tu futuro desde ahora. Haz de tu vida un diamante de cuatro quilates, no una piedra de fantasía. No te preocupes, no es difícil de lograr. La Bolsa puede parecer intimidante, pero no tiene porque serlo. La clave está en invertir bien. Yo te enseñaré cómo comprar y vender acciones, leer gráficas técnicas con tanta facilidad como un catálogo de pedidos por correo y vamos a disfrutar la jornada. Sígueme y te diré los secretos de los expertos inversionistas. Aunque no tengas la menor idea de qué se trata la Bolsa. ¿Qué es una acción? ¿Qué es el Dow? No te vayas y te prometo que hablarás y actuarás como una profesional cuando terminemos.

Las mujeres y los hombres vienen de planetas diferentes

Ante todo, vamos a llegar a la siguiente conclusión: somos mujeres y vemos la vida —y las inversiones— de una manera muy distinta a como la ven los hombres. Nosotras, las mujeres de veras somos del planeta Venus y los hombres del planeta Marte, especialmente cuando se refiere a las finanzas. Pero debemos permanecer tal y cual somos. No tenemos que actuar como nuestros esposos, novios, padres o hijos. Es más, en lo que se refiere a inversiones, es mejor que no lo hagamos. De acuerdo a la *National Association of Investors Corporation*, los grupos de mujeres inversionistas ganaron un promedio de 21 por ciento anual en sus inversiones, cuando los grupos de hombres ganaron 15 por ciento.

Las mujeres tendemos a ser mejores investigadoras y nos tomamos el tiempo para evaluar las acciones antes de comprar o vender. Irónicamente, esa supuesta debilidad femenina es realmente una fortaleza. Las mujeres tenemos menos confianza en nuestra habilidad para escoger acciones que los hombres y, por lo tanto, no nos apresuramos tanto a decidir qué inversiones haremos. Según un estudio efectuado por dos profesores en la Universidad de Davis, California, la presunción de superioridad de los hombres les da un sentido falso de sus verdaderas habilidades y terminan por dar paso a un resultado poco estelar.

Así es que ahí lo tienes, las mujeres hemos heredado la gracia de la inversión, siempre y cuando nos esmeremos por aprender. No tienes que ser tan rica como Oprah para comenzar. Si formas parte de un grupo de inversionistas o compras fondos mutuos, podrás empezar a invertir con una cantidad de $10 a $50 al mes. Tienes la capacidad de hacerlo: miles de mujeres en Estados Unidos invierten con éxito cada año. ¿Por qué no lo haces tú?

Aún así, uno de los mayores obstáculos en nuestro camino a la cumbre es la falta de confianza en nosotras mismas. Las mujeres tenemos la mala costumbre de subestimar nuestra propia capacidad. Pero no debemos confundir la falta de conocimientos con la falta de inteligencia. Es verdad que la mayoría de nosotras no hemos tenido contacto con el mundo de las finanzas, pero yo te voy a ayudar a recuperar el tiempo perdido. Uno de estos días sorprenderás a tu familia o amigos con tus conocimientos cuando digas: "Por favor, ¿me puedes alcanzar la mantequilla? . . . ¿Qué les parece el informe de las ganancias de hoy de Children's Place? Sobrepasaron lo que esperaban los analistas . . . No, gracias, no quiero más maíz . . . Guillermito, no juegues con la comida".

No nos den instrucciones, dígannos cómo leer un mapa

Las mujeres tenemos la tendencia a ser buenas estudiantes de finanzas porque no nos da miedo decir "yo no sé", o "estoy perdida". A los hombres, por lo regular, no les gusta admitir que necesitan ayuda. ¿Recuerdas las veces que tu esposo o novio manejó sin rumbo alrededor del vecindario, pero se negó rotundamente a parar y pedir direcciones? Y qué tal cuando tus súplicas de "¿por qué no paras y le preguntas a alguien?" cayeron en oídos sordos. Afortunadamente, las mujeres, por lo regular, no somos así. Al invertir, como en la vida en general, es una virtud tener el coraje de admitir que estamos perdidas o que no comprendemos algo. Así se aprende. A veces, te apuesto, te sorprendes agradablemente cuando te das cuenta que la respuesta es una que ya sabías. Los estudios que se han realizado muestran que la mayoría de las mujeres sabemos más de lo que pensamos.

Sólo recuerda, conocimiento es poder. Lo que está en juego es el dinero que te has ganado con sudor y lágrimas. Tienes que estar segura de que sabes cómo invertir tus ahorros —o por lo menos, que entiendas cómo otros manejan tu dinero—. No te arrepentirás. Ahora, vamos a comenzar la aventura. ¡Es hora de liberarnos!

CAPÍTULO UNO

Detesto las matemáticas . . . pero ¡me encantan las ganancias!

Saliste de la escuela secundaria hace 20 años, pero todavía sigues teniendo la misma pesadilla: el reloj anuncia que faltan cinco minutos para que suene el timbre. Con manos sudorosas, nerviosamente revisas las últimas preguntas de tu prueba final de matemáticas. Tienes la garganta seca y el estómago te está bailando la samba. Esperando un milagro, contestas el resto del examen apresuradamente. Las respuestas parecen más bien garabatos. Es tu última prueba, la recta final en tu educación formal y tus más sinceros deseos se basan en que no tengas que ver otro examen de matemáticas por el resto de tu vida. ¡Rrring!

Hoy, eres una mujer de negocios, segura de tí misma, y equilibras las exigencias que te imponen tu familia y tu carrera. Aquella joven insegura se marchó para siempre y la reemplazó una mujer con criterio propio. Con el tiempo has aprendido muchas lecciones que no cambiarías por ser joven otra vez. Pero hay algo que no ha cambiado: lo que sientes cuando te enfrentas a los números. Has llegado a la conclusión de que, aunque tengas 18, 38 o 58 años de edad, las matemáticas te caen tan bien como una investigación de tus ingresos por parte del departamento de impuestos.

Es natural que vayas en puntillas cuando de invertir se trata. Preferirías que te amarraran y torturaran antes de pasarte una hora con un libro de álgebra. Pero, ¿sabes? no tienes que ser un lince en cuestiones de números para invertir. ¿Sabes sumar y restar? ¿Multiplicar y dividir? ¡Perfecto! Eso es todo lo que tienes que saber al respecto. Es más, consíguete una calculadora electrónica y ni siquiera tendrás que saber como se hace a mano. Con una actitud de "yo puedo" y un dedo para presionar los números de la calculadora ya estás en camino.

¿Todavía no te has convencido? Sírvete una taza de café y vamos a conversar.

"¡Pero yo no soy rica! No tengo dinero para invertir."

¿Cuentas con $25 al mes? Esa cantidad equivale a menos de $1 al día y aproximadamente es el precio de dos tazas de café de Starbucks a la semana. Con el dinero que te hubieras gastado en ese café, puedes empezar a invertir en un fondo mutuo. ¿Qué es un fondo mutuo? Hazte la idea de que inversionistas del mundo entero envían dinero a una compañía de inversiones. Esa compañía reúne el dinero y lo pone en una "cesta", comúnmente llamada fondo mutuo. El dinero que contiene esa cesta lo invierte un administrador o un grupo de administradores que se dedican sólo a eso. Ese administrador puede invertir el dinero de distintas formas; algunas conservadoras, otras más bien agresivas. En Estados Unidos, podemos escoger un fondo mutuo de un menú de más de 10,500 fondos. Al igual que la heladería de Baskin Robbins, hay un sabor para satisfacer cada antojo.

En el Capítulo 8, hablaremos más acerca de los fondos mutuos.

Otra opción para invertir una cantidad pequeña es mediante un grupo de inversionistas. Los miembros de ese grupo se reúnen regularmente para aprender cómo invertir y socializar. Juntos, decidirán las acciones de cuales compañías comprar con el dinero recaudado de cada miembro. Tú puedes formar un grupo de inversionistas donde cada uno paga solamente $10 al mes. Tal vez pienses que eso no es suficiente dinero, pero si 25 mujeres juntan dinero por seis meses, estamos hablando de $1,500. Ya eso es hablar en serio.

Un grupo de inversionistas con una misma meta ofrece una experiencia agradable y educativa. En este grupo habrá otra docena de miembros que está aprendiendo a invertir a la par tuya. Juntos, con esmero y buen humor, descifrarán el misterio. Una buena forma de establecer un ambiente acogedor en estos grupos es darle un nombre que contenga un juego de palabras. Como el grupo que se nombró "Centavos y sensibilidad" porque sus miembros eran admiradores de Jane Austen. Otro grupo de mujeres de pelo claro se nombraron "Acciones y rubias".

En mi opinión, los grupos de inversionistas se hicieron con la mujer en mente. Igual que los gansos, las mujeres tenemos la tendencia de ir en bandadas. ¿Has visto alguna vez a los hombres levantarse de la mesa en un restaurante y decirnos: "Vamos al baño, regresaremos enseguida". Nunca. Somos las mujeres las que vamos al baño juntas. ¿Por qué? Quién sabe. Por lo menos así tendrás a alguien que te avise si se te engancha la falda en el elástico de la cintura de las medias.

Discutiremos el tema de los grupos de inversionistas en el Capítulo 9.

Si no te gusta participar en grupos y prefieres invertir por tu cuenta, está bien también. Tal vez has estado muy deseosa de recibir un mayor interés por tus cuentas de ahorro. Quizás quisieras que tu cuentecita secreta crezca más rápidamente. ¿De qué cuentecita hablas?, me preguntas con tono inocente. Déjate de cuentos, yo sé que muchas de ustedes tienen un dinerito guardado donde nadie sabe. Tal vez en un viejo frasco de mayonesa. Vamos a tomar todo ese dinero y correr . . . a invertirlo más provechosamente utilizando la información que recibirán en los próximos capítulos.

"¡No tengo tiempo para hacer inversiones!"

Tienes más tiempo del que crees. ¿Acaso no eres tú la que arrastras a tu novio por lo menos por seis tiendas en el centro comercial, antes de decidirte por un par de zapatos? Si puedes dedicarle todo ese tiempo a buscar la mejor compra, ¿por qué no invertir tu tiempo en ganar más dinero? A propósito, si lo haces, podrás comprar todos los zapatos que gustes. No tendrás que conformarte con zapatos de un color neutral que peguen con todo, ya que podrás tener un par para cada vestido; hasta para el de color verde limón de rayón con el cuello de plumas.

Si prefieres contratar a un consejero para tu cuenta, asegúrate de aprender algo acerca de las inversiones. De lo contrario, le estarás entregando ciegamente el control de tu dinero a otra persona. ¿Cómo sabrás si está haciendo un buen trabajo o no? Cuando tú entiendas lo básico acerca de cómo funcionan las inversiones, podrás dirigir y supervisar lo que hace esa persona y hacerle las preguntas necesarias.

Es como limpiar tu casa. Nadie la sabe limpiar mejor que tú porque solo tú sabes dónde está más sucia. Si no tienes tiempo de andar con el trapito por toda la casa, puedes pagarle a alguien que lo haga. Sin embargo, sin tu ayuda, esa persona no podrá hacer un buen trabajo, porque tú eres la única que sabe dónde se acumula la suciedad. Con un consejero de inversiones sucede lo mismo. Tienen que trabajar juntos para alcanzar tus metas. Pero la única forma en que podrás colaborar con éxito, será si tú: 1) le comunicas tus necesidades, expectativas y tolerancia para el riesgo y, 2) si tú entiendes lo que él o ella está haciendo con tu dinero.

"Mi esposo se encarga de nuestras inversiones".

¡Qué bueno que tu esposo es el genio financiero de la familia! Es maravilloso que él acepte esa responsabilidad. Pero eso no significa que tú no debas participar en administrar las finanzas. Lo más probable es que algún día tengas que valerte por ti misma y tendrás que saber cómo manejar el dinero. De acuerdo a las estadísticas del Buró de Censo de Estados Unidos, 40 por ciento de las mujeres de 65 años de edad o mayores viven solas. Cuando una mujer llega o pasa de los 85 años, la mitad de ellas vivirán solas.

Además, tal vez recibas la agradable sorpresa de que tu esposo se alegre de que tengas interés en la situación económica de la familia. Me lo han dicho muchos hombres.

Permíteme que te cuente de Vicki. Al igual que en muchos de nuestros hogares, su esposo estaba encargado de las finanzas. Ella se conformaba con asumir las responsabilidades de su casa y atender a los niños. Cuando su esposo murió, ésta ama de casa de 65 años tuvo que tomar el timón, y ello incluía manejar las inversiones. Vicki se espantó. ¡Ella era Mami y abuelita, no Donald Trump! Claro que podría llevar el presupuesto de la casa, ¿pero manejar acciones y bonos? Eso le parecía imposible.

Así es que Vicki hizo lo que le pareció lo más natural. Le pasó esa responsabilidad a otro hombre: al consejero de inversiones de su banco. Durante seis meses, Vicki invirtió en el fondo mutuo que su consejero le recomendó ciegamente. Fue entonces que conocí a Vicki, cuando ella vino a una de mis charlas. Vicki aprendió lo que eran las acciones y los bonos y cómo usarlos para mejorar su estilo de vida, al permanecer dentro de su tolerancia hacia el riesgo y asegurar así su futuro financiero. A medida que sus ojos se iban abriendo, sentí orgullo en la transformación que ocurrió en Vicki de una oruga frágil y tímida a una magnífica mariposa que volaba bien alto.

Un día, Vicki fue a hablar con el representante de inversiones del banco como lo había hecho muchas veces anteriormente, pero esta vez iba armada con sus recién adquiridos conocimientos. Cuando ella comenzó a hacer preguntas acerca del fondo mutuo que el consejero le recomendaba—después de todo, ella tenía que cerciorarse de que ésta era la mejor inversión para ella— ¡el empleado del banco parecía molesto y ofendido de que ella dudara de su autoridad! Vicki había roto el esquema al que él estaba acostumbrado: Le digo a esta señora en qué invertir, ella escribirá un cheque y yo me voy a casa con otra comisión. ¿Pero, cómo se atreve ella a hacerle preguntas sobre el dinero que es de ella? Pero Vicki tenía una gran sonrisa en el rostro. Por primera vez desde que murió su esposo, ella comprendía lo que estaba pasando.

Sin duda, el banco había jugado un papel importante en la vida de Vicki al proveerle las facilidades para guardar sus ahorros asegurados por la agencia federal y cuentas corrientes. Pero Vicki se dio cuenta que el banco no era necesariamente el mejor lugar para sus inversiones. Las acciones y fondos mutuos que se compran a través de un banco no tienen más seguridad que cuando se obtienen de otro lado. Este tipo de inversión no está asegurado ni garantizado. La próxima vez que me encontré con Vicki, parecía una mujer nueva, radiante a sus sesenta y tantos años. "Julie", me dijo, "me siento estupendamente bien". Y adivinen, hoy ella es una inversionista segura de sí y exitosa. Es miembro de dos grupos de inversionistas y ocupa la presidencia de uno de ellos. Vicki ha cambiado y en vez de ser controlada, ejerce ahora pleno control de su dinero.

"Pero ¡yo ya tengo ahorros!"

Si ya tienes tus ahorros, le llevas ventaja a la mayoría de la gente. Pero, ¿estás ahorrando inteligentemente? Dirás, "yo ahorro dinero en una cuenta de depósito por tiempo fijo al cinco por ciento. Ahí está seguro". Bueno, no exactamente. No les estoy diciendo que Alí Baba y los cuarenta ladrones van a entrar al banco y robarles su dinero, y aunque lo hicieran, el Gobierno les asegura su cuenta. Les hablo del peor ladrón que existe: la inflación.

Cada año que pase, el costo de la comida, la ropa, la vivienda y el transporte sube. Una hamburguesa que nos costó 50 centavos cuando estudiábamos en la secundaria podría costar hoy $1.99. Eso es la inflación: el aumento gradual y casi imperceptible de los precios a medida que pasa el tiempo. El interés que estás ganando en el banco tiene que crecer más rápido que el crecimiento de la inflación para que, no sólo puedas comprar los mismos artículos hoy, sino también para que te sobre dinero y puedas disfrutar de esas cosas extras que nos hacen la vida más agradable y llevadera

El secreto: invertir tu dinero en acciones puede resultar en mayores riquezas. Las ganancias pueden sobrepasar las de las cuentas de ahorro, las de los bonos del Gobierno y las de las cuentas a plazos fijos de alta calidad.

Háganse la idea de que la señora Johnson puso $1,000 en una cuenta de ahorros en el año 1926 que le pagaba 3.7 por ciento de interés al año. El banco parecía ser un lugar seguro para depositar su dinero. La cajera era una persona agradable, la sala de entrada elegante y el impresionante edificio un símbolo de estabilidad. Ella se sintió confiada en abrir su cuenta allí. En 1998, ya había tenido hijos, nietos y biznietos y la señora Johnson decidió sacar su dinero de la cuenta en el banco. Su balance para entonces sería alrededor de $14,000. No suena mal, ¿verdad?

Pero, ¿cuánto podía comprar con esos $14,000 en 1998? Fíjense en lo siguiente: En 1926, con $1,000 se podía adquirir casi tres carros nuevos Ford Modelos T, ¡pero en 1998, después de casi un centenario, el resultado de su inversión sólo le alcanzaría para comprar un Ford Escort! ¿Qué te parece la erosión que sufre el valor del dinero al pasar el tiempo? Los aumentos de precio han ganado esta ronda.

Ahora vamos a darle para atrás al reloj, otra vez. ¿Qué tal si la señora Johnson no pudo ir al banco ese día en 1926? En lugar de ello, se quedó en casa y oyó a su esposo mencionar sobre unos bonos que el Gobierno ofrecía. El interés que pagaban era 5.33 por ciento al año y ella decidió invertir allí sus $1,000. Setenta y dos años más tarde, su dinero había crecido a más de $42,000. Ya eso está mejor. Esa cantidad sería suficiente para comprar tres Saturns en 1998 y le sobraría dinero.

Pero, ¿cómo hubiera sido para la señora Johnson si hubiese invertido en la Bolsa de Valores? Al poner sus $1,000 en acciones de compañías grandes, su dinero hubiera crecido a $2.1 millones para el año 1998 —tomando en cuenta la estrepitosa caída de la Bolsa de Valores en el año 1929—. ¡Si la señora Johnson hubiese invertido en acciones de compañías más pequeñas, para el año 1998, hubiera obtenido más de $4 millones! Podría haber pagado en efectivo por una flota de Mercedes Benzs, haberlos pintado de los colores del arco iris y haberlos estacionado en el garage de su mansión en Palm Springs.

"Okey, cuenten conmigo. ¿Ahora, qué hago?"

Lee y aprende. En los siguientes capítulos, vamos a pasearnos de brazo por Wall Street. Caminaremos sin apuro por las lecciones de este libro, porque queremos aprendérnoslas bien.

Vamos a necesitar algunas herramientas que nos ayuden: el periódico *The Wall Street Journal*, acceso a los informes sobre las acciones de *Value Line* y de los fondo mutuos Morningstar, una calculadora, un lápiz y papel. Si tienes conexión con Internet, podrás encontrar un tesoro de información financiera gratis con sólo presionar un botón. Ve a tu biblioteca pública y pregúntales si ofrecen acceso y clases de Internet.

Pero la mejor amiga que vas a tener es la determinación. Tendrás que comprometerte a hacer este esfuerzo para que te dé resultado. Eso no quiere decir que siempre vas a disponer de suficiente tiempo para hacer tus investigaciones. No va a ser así, y eso está bien. La mayoría de nosotras llevamos una vida muy agitada, pero quiero que me prometas que no vas a desperdiciar esta información porque es sumamente importante.

Aprender a invertir bien es la diferencia entre el retirarse con un presupuesto limitado y el tener libertad financiera en los años dorados para vivir con comodidad y poder dedicarte a las actividades que más te gustan y para las cuales no tienes tiempo ahora. Podrás tomar esa clase de pintura en óleo o aprender la cocina francesa en París. ¿No sería bueno todo eso? De tí depende, pero por lo menos estarás segura de tener los medios para hacerlo.

Así es que prepárate. ¡Llegó la hora de aprender y ganar!

CAPÍTULO DOS

Oye, ¿qué es una acción?

Estamos al comienzo de otro sábado. El ruido de tu casa te recuerda la Grand Central Station de Nueva York a la hora del "RUSH". Los perros están ladrando porque quieren su comida, tu esposo te está llamando con desesperación, porque no puede encontrar su camisa para jugar golf. La televisión está a todo dar, tus niños retozan en el piso sin ponerle atención. Catalina, tu adolescente, está habla que te habla por teléfono con su novio mientras se pinta las uñas de azul. ¿Y tú? Tienes en la mano una lista de quehaceres. Sabes que tienes que sacar tiempo para tus inversiones pero, ¿cómo?

Revisemos tu horario de hoy: Llevar a Tony a la práctica de pelota, recoge la ropa de la tintorería, pasa por el mercado y . . . ¿Qué es esto? No tienes nada que hacer entre las 3:59 p.m. y las 4:07 p.m. ¡Imagínense eso! ¡Ocho minutos para ti sola! ¡Con tanto tiempo en tus manos podrías sentarte a la mesa de la cocina y cuadrar el presupuesto de Estados Unidos una vez y por todas!

Okey, estás ocupada. Pero antes de que tires la idea de discutir tus inversiones como la lechuga marchita en el refrigerador, considera lo siguiente: Puedes pensar qué tipo de acciones comprar mientras haces tu rutina diaria.

Olvídate de la lotería. Tienes millones en tu casa

En lo que preparas la cena para tu familia, abres la puerta de la despensa y tomas cuatro latas de sopa de minestrones marca Campbell's. ¿Sopa Campbell's? Hmmm. Hmmm. ¡Buena idea! En lo que se refiere a sopa, Campbell's es sin duda la marca más reconocida. Para el plato principal, vas al refrigerador y sacas un jamón de la marca Hillshire Farms. Lo pones en un molde de vidrio para hornear que compraste en Wal-Mart y lo metes al horno para calentarlo. ¿Qué tienes para el postre? Un pastel de Sara Lee es lo indicado para hoy. Lo pones con cuidado en el mostrador de la cocina, que se hizo con materiales que compraste en Home Depot. Ahí lo tienes: no solamente has puesto en marcha una deliciosa cena, sino que has descubierto cuatro buenas acciones.

Si hubieses invertido $1,000 en la compañía de sopa Campbell's en 1985, hoy tendrías alrededor de $15,000. Mil dólares en Sara Lee, la compañía dueña de Hillshire Farms, te hubiese dado $16,000. ¿Y Wal-Mart? Sujétate el sombrero: Si hubieses puesto tus mil dólares en esa cadena de tiendas en 1983, hoy tendrías más de $3 millones. La misma cantidad invertida en Home Depot en 1981 hoy resultaría en más de $1 millón.

Dos tercios de todas las grandes acciones pertenecen a compañías que venden productos y servicios de consumos. ¡Qué bueno sería si pudiéramos darle marcha atrás al reloj e invertir dinero en estas compañías cuando aún eran pequeñas! Si pudieras haber ido hacia atrás, probablemente no estarías cocinando hoy, ¡tendrías un cocinero privado! Pero como no es posible hacerlo, haremos lo que sí podemos hacer: Invertir ahora en las compañías que serán las grandes compañías del mañana.

¿Cómo invertimos en una compañía? Una forma de hacerlo es comprando sus acciones.

Un pastelito especial y una repostera inteligente

Vayamos a la isla de Nantucket a visitar a una viuda que se llama la señora Wiggybottom. Considerada como la mejor hornera de su vecindario, su especialidad era crear un pastelito de chocolate con centro de caramelo salpicado con azúcar en polvo. La receta le había llegado a través de generaciones en su familia. Por muchos años, sólo los miembros de su familia conocían el secreto de esos pastelitos que se derretían en la boca. Un día, un vendedor que vendía de puerta en puerta llegó a la casa de la señora Wiggybottom con la esperanza de venderle una cortina de baño. No lo logró, pero sí tuvo la suerte de probar uno de los pastelitos de la señora gracias a su generosa hospitalidad. Al probar la deliciosa oferta, los ojos del vendedor casi se salieron de sus órbitas sólo de pensar en las posibilidades mercantiles que estos pastelitos podían ofrecerle. Sin perder tiempo, nuestro mercader convenció a la señora de que lo empleara como vendedor por todo el país de sus delicias culinarias. Comenzaron distribuyendo los pastelitos en los mercados locales. En cuestión de un año, las órdenes superaron la capacidad de producción. El éxito precipitado puso a la señora Wiggybottom en una situación difícil. A pesar de trabajar para abastecer constantemente, no daba abasto a sus clientes que cada día aumentaban el número de órdenes. Su hogar se había convertido en un almacén repleto de cajas de pastelitos desde el piso hasta el techo. No había espacio en la sala, el comedor, el garaje; en ningún lugar.

Era hora de organizar su negocio, al cual le había dado el nombre de "Delicias Celestiales, Inc.". Los primeros en salir al rescate fueron los familiares y amistades de la señora. Estos fondos le alcanzaron para abrir una pequeña oficina, arrendar una cocina comercial y contratar a varios empleados. Las ventas continuaron aumentando. Sus deliciosos pastelitos ya se distribuían por todo el estado de Massachussets. A medida que las órdenes aumentaban, era obvio que necesitaría expandir el negocio una vez más y, de nuevo, necesitaba dinero para hacerlo. La cantidad requerida era mayor de lo que podía recaudar personalmente. La solución a su problema descansaba ahora en las manos de un banco y fue así que logró conseguir los fondos necesarios para su nueva expansión.

Cinco años más tarde, y para orgullo de la señora Wiggybottom, sus pastelitos se conocían tanto como los de la establecida marca Sara Lee. La original y pequeña oficina ahora se encontraba en un suntuoso edificio y era un despacho a todo lujo el que ocupaba la señora, que con tanto esfuerzo forjó esa gran empresa. El negocio había crecido aún más. La compañía tenía ya su propia línea de mezclas para pasteles, masa congelada para galletitas y helado. Lo próximo sería abrir un establecimiento al que llamaría "El salón de la señora W".

Sin embargo, expandir le costaría mucho dinero. Esta vez la señora Wiggybottom decidió conseguir los fondos, esto es, el capital, en otro lado. Como ya le debía a familiares, amistades y al banco, consideró dos nuevas alternativas: la emisión de bonos y acciones.

Comprar o no comprar bonos

Un bono es simplemente un préstamo. Cuando una compañía le vende bonos a los inversionistas, éstos reciben un certificado que les promete la devolución de la cantidad total del préstamo al final del trato. Mientras tanto, los inversionistas recibirán de la compañía pagos de intereses dos veces al año. Ese interés es la recompensa por prestar el dinero. Si tú has oído mencionar alguna vez la frase "bonos gubernamentales", permíteme explicarte que no son más que préstamos que se le hacen al Gobierno. Sí, hasta el Gobierno necesita pedir prestado de vez en cuando. Hoy en día, como todo es electrónico, los inversionistas típicamente no reciben un certificado por cada bono. En cambio, reciben un informe, o estado de cuenta como recibo.

Si pudiéramos comprar un *corporate bond* (un bono emitido por una corporación privada) de una compañía como Delicias Celestiales, podríamos recibir de 5 a 14 por ciento de interés o quizás más, sujeto a la estabilidad económica de la compañía. El plazo de vida del bono —fecha de venci-

miento—podría ser desde varias semanas hasta 100 años, pero por lo regular es de uno a 20 años.

Cualquier inversionista que adquiera un *corporate bond*, recibirá intereses dos veces al año y la cantidad original del bono a la fecha de vencimiento, siempre y cuando la compañía aún exista.

Esto es común. Existen otras versiones de bonos que no discutiremos
aquí (como los bonos que no pagan intereses) porque queremos concentrarnos en las acciones como la inversión más lucrativa y factible para la
mayoría de nosotros.

El próximo paso fue entonces ofrecer bonos para recaudar fondos para
la compañía Delicias Celestiales y esto dio resultado por un tiempo. Pero,
a la señora Wiggybottom le preocupaba el hecho de que su compañía tenía
demasiadas deudas. Después de todo, las deudas eran préstamos que tenían
que devolver. Fue entonces cuando ella decidió que era hora de vender
acciones.

Tomando acción con acciones

Cuando una compañía le ofrece sus acciones al público por primera
vez, a eso se le llama Oferta Inicial Pública, conocido en inglés como el
IPO.

Una sola acción equivale a una parte de la compañía si la señora
Wiggybottom decidiera vender acciones de Delicias Celestiales al público,
esto equivaldría a dividir la companía en pequeños pedazos y vender cada
una de estas partes al que más pague por ella. El resultado: la compañía
recauda fondos para expandir el negocio y los inversionistas reciben acciones del mismo, que los hace dueños parciales o accionistas, de la compañía. Al igual que con los bonos, el comprobante de acción es un
certificado. Pero la mayoría de las personas eligen recibir un recibo de
compra en lugar del certificado. Es más sencillo para todos.

Para hacer su Oferta Inicial Pública, Delicias Celestiales procuró los
servicios de una compañía de inversiones para que se encargara de los

detalles. Juntos, revisaron los informes financieros de Delicias Celestiales y compararon los resultados con compañías similares en la misma industria para llegar al precio aproximado de cada acción. Se determinó también la cantidad total que necesitaban colectar y, después de todos los estudios necesarios, se determinó el número de acciones que se le ofrecería al público. Una vez que se han calculado estos números, el mismo procurador se encarga de evaluar el interés que el público pueda tener en la compra de las acciones. Después de todas estas investigaciones, llegaron a la conclusión de que ofrecerían 10 millones de acciones de Delicias Celestiales a $5 cada una. (Existen distintos tipos de acciones, pero la más común es la acción ordinaria).

Vamos a suponer que Mirta, una amiga de la señora Wiggybottom y del grupo de canasta que se reúne todos los viernes, decidió comprar 1,000 acciones de la compañía. Como mujer sensata, estaba totalmente convencida de que el precio de $5 por cada acción, equivalente a $5,000 por 1,000 acciones, era una buena inversión ya que si más tarde ella podía vender estas acciones por un precio más alto, sacaría una buena ganancia.

Aunque Mirta sabía que no había garantía alguna de que ese fuera el resultado, ella confiaba que el precio iba a subir porque Delicias Celestiales era una buena compañía con ganancias sólidas. Mirta había hecho sus investigaciones y tenía plena seguridad de que tal compañía resultaría atractiva para otros inversionistas en un futuro cercano. Cuando muchas personas desean comprar un mismo artículo, su precio sube. ¿Se acuerdan del efecto que tuvieron las muñecas Cabbage Patch? Esas feas muñecas causaron, en subasta, ardientes riñas entre padres que deseaban adquirirlas para sus hijos.

Si el precio de una acción de Delicias Celestiales sube a más de $5, Mirta puede vender sus acciones y sacarle ganancias. ¿A quién le puede vender estas acciones? La compañía que las produjo por lo regular no las compra, aunque pudiera hacerlo. En la mayoría de los casos, una inversionista como Mirta tiene que ir adonde otro inversionista. Es como vender tu casa. Tú no se la devuelves al que la construyó, ¿verdad? Se la vendes a otra persona que quiere comprarla.

Una tabla de acciones no es de madera

Un día, el precio de la acción de Delicias Celestiales llegó a $15.50. Ese fue el precio más alto en un año. La compañía iba viento en popa y a toda vela. Sus productos se vendían en todo el país. La buena reputación de tantos años de trabajo resultó en una demanda creciente. Los periódicos, estaciones de radio y la televisión tomaron nota de esta estrella brillante, sólo para darle más calor al fuego de su crecimiento. Nuestra buena señora de Nantucket se vió en la portada de una revista nacional de negocios con un titular que decía: "La señora W. y su creciente imperio". La publicación de esa revista coincidió con el informe trimestral de los ingresos de Delicias Celestiales. Las ganancias subieron al doble del año anterior. Todo esto ayudó a que el precio de la acción subiera de pronto a $15.50; el precio más alto en las últimas 52 semanas. Por lo regular estos eventos se publican en los medios informativos, ya sea en la prensa, la radio o la televisión.

Mirta oyó las noticias y apresuradamente compró el periódico para asegurarse de que había oído bien. Abrió el diario a las tablas de la sección de negocios; páginas y páginas de números que van desde el márgen de arriba hasta el de abajo. Buscó bajo Delicias Celestiales. Se fijó en la columna con el precio final o del cierre del día anterior. Allí estaba: 15½. Como las cotizaciones de la Bolsa se dan en fracciones, 15½ significa $15.50 por cada acción.

Compañía y símbolo	Precio de cierre	Cambio	Precio del día	
			Alto	Bajo
Delicias Celestiales HVLY	15½	+2	15½	13

Mirta también le dió un vistazo a la columna de "Cambio". El "+2" significa que el precio de la acción subió dos dólares para cerrar a 15½.

Delicias Celestiales subió estos dos dólares ayer después de haber anunciado un saludable aumento en sus ganancias anuales. Mirta también miró el diagrama de la empresa. Esa era su oportunidad para sacarle provecho a parte de su inversión.

Mirta decidió vender 100 acciones. Al día siguiente, pudo venderlas a 15 ¼ o $15.25 cada una. Sus ganancias serían de $10.25 por acción ($15.25 menos el costo de compra de $5 por acción) y con gran alegría recibió la cantidad de $1,025 ¡resultado de una provechosa inversión antes de pagar comisiones e impuestos! Si Mirta hubiera vendido todas sus 1,000 acciones, su ganancia hubiera sido de $10,250 o más del doble de los $5,000 que había invertido tres años antes. Ninguna cuenta a plazo fijo en un banco paga esos intereses. Si así fuera se irían en bancarrota.

Una buena compañia + El momento preciso = Una buena inversión

La clave del éxito de Mirta, estuvo en que ella escogió una buena acción y en que la compró en el momento preciso. Eso es lo que tienes que hacer tú también: escoger una acción que tenga potencial para aumentar de valor y entonces estudiar las gráficas de esa acción para saber cuando comprarla. ¿Qué hace que el precio suba? El precio subirá si los inversionistas piensan que el negocio de la compañía va a crecer en el futuro. Tal vez tengan un producto nuevo, una nueva administración o ganancias netas extraordinarias.

Volvamos al ejemplo de comprar una casa. ¿Cuáles son los elementos que hacen subir el precio de la misma? Tal vez una remodelación que se le haya hecho recientemente, el haberle añadido habitaciones o su ubicación en un área de crecimiento. Imagínate que compraste una casa con tres dormitorios y 2.5 baños por $100,000 en la playa de Santa Mónica, California 20 años atrás. Con el tiempo, llegó Robertico, seguido por la simpática Susana. Cada uno necesitaba su propio dormitorio, lo que hizo que tú le agregaras una habitación y otro baño. Como suele pasar en estas situaciones, a la vez, decidiste arreglar el patio. Caramba, ya mejor añades la piscina que deseabas. Mientras tanto, notaste con alegría que cada vez más familias se mudaban para tu vecindario, atraídas por la proximidad a la playa. Hoy, tu casa vale $500,000 —más que las de tus vecinos— gracias a los mejoramientos que le hiciste y la tendencia a subir que tuvieron los bienes raíces en la zona.

Ser dueña de una acción es comparable a tener casa propia. Es mejor tener acciones en una compañía que esté "remodelando", "aumentando" o "en un vecindario que mejora". Lo que quiere decir que querrás compañías cuyos negocios estén mejorando cada vez más en una industria en estado de desarrollo. Vamos a estudiar con detalle los factores más sobresalientes de una acción, en el Capítulo 4.

Un buen ejemplo de lo dicho es la compañía Wal-Mart. Este comercio te llamó la atención porque cada vez que visitabas una de sus tiendas, siempre estaba llena de gente. A los clientes les encantaban los precios especiales de Wal-Mart; ya fuera el detergente por $3.99, sostenes al precio razonable de $6.99 o una blusa de satín por $17.99. Después de hacer tus averiguaciones, descubriste que la compañía también había añadido un nuevo producto. Recientemente comenzó a hacerle competencia a los supermercados al vender comestibles. También notaste otras buenas señales de la compañía y decidiste comprar sus acciones ¡Qué bueno sería si hubieras descubierto a Wal-Mart cuando todavía era una pequeña cadena de tiendas en Arkansas! Hubieras podido comprar sus acciones por un precio bajo y hoy obtener una fortuna por ellas.

Comprar por tallas: ¿Chica, mediana o grande?

Al igual que hay casas chicas, medianas o grandes, las compañías que venden acciones también vienen en diferentes tallas. Las grandes compañías se conocen como de gran capitalización. Estas son las que tienen un valor de $10 mil millones o más. Si alguien fuera a comprar la compañía completa, ese sería el precio que tendría que pagar por ella. Estoy segura que tú conoces varias compañías de alta capitalización: Ford, McDonald's y la compañía IBM son sólo algunas. ¿Cómo se calcula el valor de cada una de estas compañías? Muy fácilmente: multiplica el número de acciones que tenga la compañía por el precio de cada acción. Si tiene 200 millones de acciones y una acción se puede comprar por $50; bingo, el resultado es $10 mil millones. "¡Pero, yo no tengo $10 mil millones!" me respondes. No, pero sí puedes comprar un pedazo de la compañía.

Si quisieras hospedarte en una mansión en los alrededores de Charlotte, pero no puedes darle frente a un precio de $2.5 millones, ¿qué puedes hacer? Tal vez puedas comprar una acción de tiempo. Por $8,000 puedes hacerte la idea de que eres Scarlett O'Hara y vivir en un lujo absoluto por una semana al año. De la misma forma, tal vez no puedas comprar la compañía de Coca-Cola, pero sí tienes la posibilidad de comprar algunas de sus acciones.

Si prefieres las compañías medianas o pequeñas, éstas también tienen nombres. Las de tamaño mediano se llaman de capitalización mediana. Estas son las empresas con valor de $1.5 mil millones y $10 mil millones. Finalmente, las pequeñas compañías se valoran en $1.5 mil millones o menos. Históricamente, los inversionistas de estas compañías gozan de los mayores rendimientos por su dinero porque las empresas más pequeñas tienden a crecer rápidamente y son más exitosas que las corporaciones grandes.

Tiene sentido. Delicias Celestiales puede crecer más rápidamente que Sara Lee porque la compañía de la señora Wiggybottom está en su etapa de mayor crecimiento. No ha saturado al mercado todavía. Sería más fácil que Delicias Celestiales muestre un aumento de 100 por ciento en ventas—de $3 a $6 millones—que le será a Sara Lee aumentar de $5 mil millones a $10 mil millones.

El mercado de valores es una inmensa reunión para el intercambio

Las acciones se compran y se venden en el mercado de valores. Piensa en valores como si fuera una enorme reunión para el intercambio. El mercado de valores es un lugar donde la gente se reúne para negociar. Con el intercambio, los compradores y los vendedores regatean por los precios de las acciones, generalmente mientras hacen gestos y se gritan. Probablemente lo hayas visto en las noticias de la tarde.

Tú como el inversionista, no estarás presente en esta sala de la Bolsa de Valores. Un corredor de valores será tu representante y se ganará una comisión por los servicios prestados; no pensarías que ellos se iban a dejar gritar y empujar de gratis.

La Bolsa de Valores más prestigiosa está en Nueva York. Se conoce como *New York Stock Exchange* (NYSE). Las acciones de las compañías más grandes y mejor establecidas se agrupan y venden allí, ese es su mercado principal. NYSE se fundó por un grupo se inversionistas reunidos bajo la sombra de un árbol que estaba cerca de una muralla. Por eso a la calle se le llama "Muralla" o "Wall Street". Hoy en día Wall Street es la calle principal del distrito financiero. Esta calle es famosa en el mundo entero por sus mercados de capital.

Además del NYSE, existen también otras Bolsas de Valores, como la American Stock Exchange y otras regionales por todo el país. Al igual que New York Stock Exchange, estas bolsas tienen direcciones físicas.

Ahora hablemos del NASDAQ, también conocida como el *"over-the-counter-market"* el mercado extrabursátil o restringido. Aquí también se compran y venden acciones pero se comercian con computadoras. Imagínate una red de computadoras por todo el país. Al usar este sistema, las companías corredoras de valores compran y venden acciones. Mientras que el NYSE es la Bolsa de Valores más famosa, muchas compañías prestigiosas como Intel y Microsoft escogieron a NASDAQ.

Para simplificar las transacciones, cada compañía se identifica con un apodo o abreviación. General Electric es "GE", AT&T es "T" y United Airlines es "UAL". A estos símbolos se les llama en inglés *"ticker symbols"* porque en una época sus nombres aparecíran en una cinta movible que mostraba el nombre de las compañías y el precio de compra y de venta. Hoy se usa una pantalla electrónica, en forma de cinta, que es visible en las paredes de las Bolsas de Valores.

Cuando el símbolo de una compañía tiene tres letras o menos, ésta pertenece a la bolsa de NYSE, American Exchange o las regionales. Los símbolos de las compañías que pertenecen a NASDAQ consisten de cuatro letras o más.

Como encontrar a un corredor de la Bolsa de Valores

Para comprar y vender acciones necesitarás los servicios de un corredor. No puedes hacerlo tú. El Gobierno sólo permite que lo hagan compañías y personas que están licenciadas.

¿Quién es un corredor? Esta persona es un individuo con una licencia especial que le permite comprar y vender valores (como acciones y bonos) en tu nombre. Trabaja para empresas como Charles Schwab, E*TRADE, Merrill Lynch y Salomon Smith Barney. El es tu representante personal. Todo lo que tú tienes que decirle es qué quieres comprar o vender y él lo negocia por tí. Por supuesto, tendrás que pagarle una comisión por este servicio.

Para que te represente, tienes que abrir una cuenta con una firma de corredores. Esto se hace por teléfono, en persona o por correo electrónico. Te darán una solicitud que contiene preguntas acerca de tus finanzas. Tendrás también que depositar dinero en una cuenta con ellos antes de que puedas comprar o vender acciones. En ciertas ocasiones, no será necesario que deposites dinero inmediatamente, sino que la empresa puede darte un plazo de unos días para hacerlo.

Hay dos tipos de cuentas: Al contado y al margen diferencial. Tener una cuenta al contado significa que pagaste por tus transacciones con un cheque o con el dinero que tenías depositado con la empresa. Una cuenta al margen diferencial se tiene cuando se pone una cantidad inicial y se le queda debiendo el resto a la empresa. Ésta te cobrará intereses ya que te ha prestado dinero para la transacción. Muchas personas eligen traficar al margen porque esto les permite aumentar sus ganancias. Después de todo, están usando dinero que no es de ellas. Pero también esa práctica resulta arriesgada porque las pérdidas aumentan en la misma medida.

Una vez que ya eres cliente de la empresa, puedes comenzar a hacer transacciones con el corredor, es decir, comprar y vender acciones mediante esa persona.

Hay muchos tipos de empresas de corredores de valores a tu disposición. Las hay que ofrecen servicios completo. Estas son empresas que cobran más por sus servicios porque incluyen recomendaciones de compra y venta, además de ejecutar las transacciones. Piensa en estas empresas como de la categoría de Saks Fifth Avenue. Están las de categoría como J. C. Penneys, que son las empresas de descuento. Estas cobran menos, pero no te ofrecen consejos. Sólo compran y venden por tí. Finalmente, hablemos de los corredores del Internet. Tú te comunicas con estas compañías por tu computadora. Este tipo de empresa es la que menos cobra y es equivalente a la tienda de noventa y nueve centavos.

Por el hecho de que son más económicas, las compañías del Internet apelan al pequeño inversionista. Algunos nombres de compañías en esta categoría son E*TRADE, Ameritrade y Datek. Su popularidad ha hecho que las empresas de servicio completo y las de descuento también ofrezcan servicios por Internet. DLJ, por ejemplo, es una empresa de servicio completo que ofrece transacciones por DLJ Direct, su departamento de Internet. Waterhouse Securities es una compañía de descuento que ofrece servicios por Internet a los que llama WebBroker.

Para escoger un corredor de la bolsa que mejor te cuadre, determina qué servicios requieres. Si quieres que te aconsejen, tener acceso a los resultados de investigaciones profesionales y a una variedad de productos financieros, te convendría un corredor de una empresa de servicios completos. Pero pagarás considerablemente más. Si por el contrario, te sientes capaz de llegar a tus propias conclusiones, un corredor de descuento o del Internet será más que suficiente. El corredor de la empresa de descuento ofrece menos servicios que el de servicios completos, pero tus costos serán menores ya que ellos obtienen sus ganancias del volumen de transacciones que ejecutan. Tú podrás hablar con un corredor de descuento para hacer una transacción de compra o venta, pero no esperes ningúna recomendación. Las compañías del Internet son más baratas que las de descuento, pero a cambio de recibir el servicio más económico, tendrás que poner la orden de compra o venta por Internet. Si deseas hacer un pedido por teléfono o facsimil, la mayoría de las veces tendrás que pagar más.

Al parecer, escoger a un corredor que brinde servicios completos resultará mejor. Pensarás, después de todo, no importa pagar más, siempre y cuando le saques mayor provecho a tu dinero. El problema es este: los corredores de servicios completos no siempre invierten tu dinero sabiamente. Es posible que actúen más como vendedores que como expertos en inversiones. Sus recomendaciones pueden fallar.

La corrida de toros

¡Ding, ding, ding! Son las 9:30 a.m. en New York y el NYSE acaba de abrir. Inmediatamente, una multitud de personas uniformadas—hombres en su mayoría—se empujan, gritando y tropezando entre sí en el salón. La cinta electrónica cobra vida con letras y números que brillan y pasan por la pizarra negra con los precios que inician el día. Grandes fortunas se hacen y se deshacen a diario.

Créelo o no, todo comienza contigo, la inversionista. ¿*Moi*? Sí, contigo y con $1,000 en una cuenta de ahorros. Te voy a decir cómo. Vamos a visitar a Ruby Rutherford en Omaha. En lo que revisa una acción que le ha estado llamando la atención desde hace días, nota que el patrón de su gráfica le indica que ha llegado la hora de comprarla. Ella está lista, ya que ha estudiado esta acción diligentemente. Lo único que le falta es atreverse. Se dirige al teléfono y marca el número de su corredor.

Por semanas Ruby ha observado la acción de Netbank. No sólo porque piensa que es una compañía del Internet prometedora porque ofrece intereses altos, sino porque el futuro de esa industria parece brillante. Su llamada telefónica entra. "Bueno. Esta es Ruby Rutherford", dice. "¿A cómo están las acciones de NTBK en este momento? Bien. Deseo comprar 10 acciones, a $50 cada una". NTBK es el símbolo o el apodo de Netbank.

Ruby acaba de hacer una "orden con límite", la cuál especifica el precio que ella está dispuesta a pagar por cada acción. El corredor tiene que hacer la compra a ese precio o a uno más bajo. Ruby no quiso poner una "orden al mercado" o *"market order"*, porque ella no quería que su corredor pusiera la orden para comprar al precio ofrecido en ese momento y este podría ser mucho más alto de lo que ella pudiera pagar. Otras clases de órdenes son "venta con límite", cuando el corredor tendrá que vender las acciones únicamente al precio que tú le indiques o a un precio más alto; "venta al mercado", cuando se venderán acciones por el precio que predomine en el momento de la venta; y "orden de venta suspensión limitada", lo que le dice a tu corredor que venda la acción si baja a un precio que tú establezcas. Por ejemplo, si compras acciones en la compañía Pfizer a $42 y pones un precio de suspensión limitada de $38, el corredor venderá tus acciones si su precio baja a $38.

A mil millas de distancia de Omaha, en Miami, Pablo Estévez decide vender sus 10 acciones de Netbank porque necesita dinero para embellecer su jardín. Llama a su corredor, quien le da una idea del precio de NetBank en ese momento y pone una orden de venta al mercado. En lo que desyerba su jardín, el corredor cumple con su orden.

Desde sus respectivas oficinas, los corredores de Ruby y Pablo envían sus órdenes a la Bolsa de Valores. Las órdenes, una de compra y la otra de venta son dadas a los corredores de piso. ¿Te acuerdas de ellos? Estos son los que empujan y gritan. El corredor de piso que toma la orden de Ruby y el que toma la de Pablo empiezan a competir en voz alta para conseguir el mejor precio para sus clientes. Al fin, se llega a un acuerdo.

Mientras esto sucede, un especialista examina las órdenes. El especialista se asegura que haya una orden para la compra y venta de acciones. No sólo eso, el especialista es esencial al llenar el bache que se crea entre un precio de venta y uno de compra. Si una orden de vender no puede parearse con una de comprar, el especialista puede decidir aceptarla. El especialista se asegura que los inversionistas como Ruby y Pablo no se queden plantados.

En este caso, la ayuda del especialista no ha sido necesaria. El trato está hecho. Ruby ha comprado las 10 acciones de Netbank de Pablo por $49 cada una.

El límite había sido de $50, pero el corredor del piso pudo hacer trato por $49. En tres días, Ruby tiene que asegurarse de que el costo de las acciones y de la comisión esté en manos del corredor. ¿Y Pablo? El corredor depositará el dinero en su cuenta, después de restarle su comisión.

Así suceden las transacciones en la Bolsa de Valores. En NASDAQ, los *"marketmakers"* o "creadores de mercados" desempeñan el papel del especialista. Estas son las empresas que tienen un inventario de las diferentes acciones. Si Ruby y Pablo hubieran hecho sus transacciones por NASDAQ, en vez de venderse las acciones entre sí, Ruby se las hubiera tenido que vender a un *"marketmaker"* y Pablo hubiera tenido que comprarlas de un *"marketmaker"*. El *"marketmaker"* es el intermediario en el trato. Esa persona recibe ganancias de cada compra y venta que ejecuta.

La Repetición No Es De Pedantes

Vamos a repasar por un momento, ¿quieres? Una acción representa la posesión de parte de una compañía. Se compra y vende —o se comercia— en un mercado llamado en inglés el *"stock exchange"*, o por la red de servicios de NASDAQ. El precio de la acción sube si los inversionistas piensan que el futuro de la compañía es bueno. Para saber el precio de una acción, busca el nombre de la misma en las tablas de acciones en los periódicos financieros como el *Wall Street Journal*. Aquellos inversionistas que quieran saber el precio de una acción en cualquier momento durante el día pueden llamar a sus corredores, ver las noticias de finanzas, o buscarlo en Internet.

Un corredor nos representa en la compra y venta de acciones y otras inversiones y cobra una comisión.

Ahora entiendes como funciona el mercado de valores. Si lo dividimos en pequeñas piezas, vemos que no es más que una colección de órdenes de compra y venta de todo el mundo. No hay un misterio especial. Sin embargo, por mucho tiempo, este mercado fue exclusivamente para los hombres ricos. Las personas con pequeños ahorros y la mayoría de las mujeres, no participaban en este club. La Bolsa de Valores era un "secreto" de los ricos.

Pero ahora sabemos lo que ellos saben. La revolución del Internet nos ha dado mayor acceso a la información financiera actual y le ha dado aliento a un gran número de inversionistas. Si saber poco es peligroso, ¿qué tal si aprendiéramos mucho? Para las mujeres indomables de *Wall Street* significa lo siguiente: ¡Cuidado, mundo de la inversión, venimos en estampida!

CAPÍTULO TRES

La búsqueda: cómo definir nuestras opciones

¿Listos? Caritas ansiosas aparecen por todas partes. ¡Prepárense! Los piecitos dan golpes de anticipado placer en el césped. ¡Adelante! Con gritos de alegría, los niños corren al jardín en búsqueda de pistas que les ayuden a encontrar objetos necesarios para ganar el juego. ¿Recuerdas esos tiempos? Correteabas incesantemente por todas partes para ser la primera en encontrar el tan ansiado premio: una muñeca Barbie, un brillante yo-yo o una cubeta de Legos. Cualquiera que fuera el premio, el esfuerzo valía la pena. ¡Te encantaba!

Vamos a una caza de premios pero para adultos. Esta vez será la seguridad financiera para el futuro. Si lo planeas bien, te podrás retirar con millones. Pero primero tenemos que encontrar las pistas que nos han dejado las acciones más lucrativas. Están por todas partes: el Internet, en las tablas de las acciones del periódico de finanzas, en los informes trimestrales en la biblioteca, en los informes gratuitos que recibes de tus amigas o centros de negocios que patrocinas con frecuencia.

Mientras buscas por los candidatos deseables, mantén el siguiente dibujo en mente:

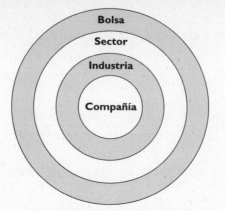

Vamos a fijarnos en cada aspecto de este blanco cuando estemos a la caza de la acción vencedora. Comencemos con el círculo de afuera, llamado la Bolsa. La Bolsa es el universo de las acciones. Es como una gigantesca subasta donde se compran y venden las acciones. Aquí hay muchos compradores y vendedores. Cuando hay más compradores que vendedores, las órdenes de comprar las acciones exceden al número de órdenes de venderlas. Por lo tanto, el valor de la Bolsa subirá. Si el número de vendedores es mayor que el número de compradores, la Bolsa bajará de valor. Nosotras queremos una Bolsa cuyos componentes estén subiendo de precio. Sólo compraremos acciones cuando el valor de la Bolsa sea favorable. Esto aumentará las posibilidades del éxito en nuestra compra porque habrán más personas comprando también. Si la Bolsa está bajando, espera. No compres.

Es fácil determinar si la Bolsa está subiendo o bajando al sólo ver una gráfica de los índices conocidos en inglés como el *Dow Jones Industrial Average*, el *Standard & Poor's Index* y el *Nasdaq Composite Index*. Estos índices miden los cambios en la Bolsa. Vamos a estudiarlos con mas detenimiento en el Capítulo 6. Por ahora, fíjate en las gráficas de la página principal en la sección de *"Journal's Money & Investing"* del *Wall Street Journal*. Éstas aparecen presentadas una sobre la otra y hacia la izquierda. Nosotras queremos que los dibujo de las tres gráficas muestren una tendencia hacia arriba. Si las tres no apuntan hacia la misma dirección —tal vez una vaya hacia abajo cuando las otras dos vayan hacia arriba— sigue entonces la gráfica del S&P 500. Históricamente, las otras le seguirán el paso.

En el Internet, puedes fijarte en el estado de la Bolsa al hacerle clic a los índices en *www.yahoo.com*, *www.bigchart.com*, *www.zacks.com*, *www.bloomberg.com*, y *www.askresearch.com*. Estas gráficas no estarán en orden así es que búscalas hasta que encuentres las tres. El símbolo del Dow es $INDU, SPX es el del S&P 500 Index y COMP es el símbolo del NASDAQ Composite.

Si no tienes conexión de Internet, te recomiendo que lo consigas. Es el mejor lugar para la investigación de inversiones gratis —una cantidad enorme de información de finanzas están a tus dedos—. También, puedes llevar cuenta de tus acciones sin tener que esperar a que llegue el periódico al día siguiente. Los precios de las computadoras personales han bajado drásticamente. Una compañía las ofrece de gratis —*www.free-pc.com*— si no te molesta ver anuncios en ella constantemente. La suscripción al Internet te sale gratis con *www.netzero.net*. Si pagas por el servicio te costará alrededor de $20. Si crees que no vas a usar la computadora lo suficiente como para justificar su costo, muchas bibliotecas públicas ofrecen este servicio gratuitamente.

Mis lugares favoritos en Internet son *www.marketguide.com*, *www.yahoo.com*, *www.rapidresearch.com*, *www.wallstreetcity.com*, *www.bigcharts.com* y *www.financialweb.com*. Tómate unos minutos y familiarízate con ellos. Si quieres encontrar otros lugares, haz una búsqueda. Pueden haber otros buenos, después de que este libro se imprima. Un lugar del Internet donde verás la información en inglés y en español es en *www.zonafinanciera.com*. Descubrí este sitio después de haberse publicado mi libro en inglés. Ve allí y date gusto con la cantidad de información que encontrarás.

El segundo anillo en el blanco del dibujo es el Sector. Un sector es un segmento de la economía del país. Ejemplos de sectores son las tecnología, la energía, el consumidor cíclico, las finanzas, la salud y otros. Vamos a escoger un sector que tenga vigor, que sea popular y que esté en demanda por parte de los inversionistas. Si atrae a los inversionistas, deben estar vertiendo el dinero en las compañías de ese sector. En lo que el público

compra más acciones en el sector, los precios de dichas acciones deben
subir más que en aquellos sectores que no tengan la misma popularidad.

Puedes ir a *www.marketguide.com* y hacer clic en el botón de *"What's
Hot"*. Una vez que hayas hecho esto, haz clic a mano izquierda, donde dice
"Sectors". Para escoger un sector popular, fíjate en la columna que dice
"EPS QTR. Vs. Yr. Ago", que muestra el porcentaje de crecimiento de
ganancias en cada sector. Ahora, fíjate en la columna que dice *"Rev. Qtr.
Vs. Yr. Ago"*, que muestra el porcentaje de aumento de ventas. Finalmente,
mira la columna que dice *"5 Day Price Chg"*. Esta te dirá cuánto ha subido
el precio de las acciones dentro de ese sector. Toma nota de los dos sectores con los números más altos en las tres columnas.

En la tabla de la página 37, el sector de tecnología parece ser el más
fuerte, con un cambio de precio en cinco días de 3.9%, una ganancia (EPS)
de 34.8% y un aumento en ventas de 27.7. El segundo es el de salud o
Healthcare. El cambio en el precio de esas acciones en cinco días ha sido
de 0.4%, las ganancias aumentaron 16.7% y las ventas subieron 21.1%. El
tercer sector entre los mejores es servicios (*Services*), con un aumento de
precio en sus acciones de 0.2% en cinco días, aumentó en ganancias de un
17.6% y en entradas de 19%. Una vez que hayas escogido unos cuantos
sectores, hazles clic para ver las mejores industrias dentro de ellos, lo que
constituye el tercer anillo del dibujo.

Una industria es una subdivisión de un sector. Por ejemplo, la industria
bancaria caería bajo el sector financiero. Lo mismo le pasaría a las industrias de corretaje de acciones y a las industrias de seguros. Aplica las mismas
reglas que usamos para los sectores. Mientras más altas sean las ganancias,
las ventas y el precio de una acción, mejor lucirá la industria. Escoge la
mejor industria de cada uno de los tres sectores.

Si no tienes conexión con el Internet, visita la biblioteca más cercana
que tenga los informes de *Value Line*. *Value Line* tiene dos ediciones, pero
vamos a comenzar con *Value Line Investment Survey*. En las primeras páginas, van a encontrar la clasificación de industrias en términos de oportunidad (*timeliness*). Eso significa que han sido clasificadas de acuerdo a lo
bien que se espera que se comporten. Mientras más alta sea la clasifi-

"WHAT'S HOT/WHAT'S NOT"

Información del 4 de julio de 1999

Comportamiento de los precios por sector

Sector	% de Cambio de Precio en 1 día	% de Cambio de Precio en 5 Días	P/G	Dividendo (%)	Precio/Valor Contable	Rendimiento (%)	Deuda/Patrimonio (%)	Ingresos Trimestrales vs. tri. del Año pasado	GPA Tri. vs. Año pasado
Tecnología	1.8	3.9	54.1	0.6	15.6	24.2	0.4	27.7	34.8
Mercancías de Capital	0.5	0.8	20.8	1.5	3.7	16.8	1.1	12.1	10.6
Consumidor/no Cíclico	0.4	1.0	33.9	1.9	10.8	32.6	1.4	5.3	6.3
Energía	0.3	0.7	46.3	2.2	3.8	5.1	0.7	-10.0	-38.6
Consumidor/Cíclico	0.3	-1.5	19.6	2.1	4.2	20.0	2.1	12.2	0.1
Transportación	0.3	-1.1	17.7	1.3	2.9	15.8	1.0	8.7	8.6
Conglomerados	0.3	-1.1	35.7	1.3	8.2	24.1	3.2	8.4	16.6
Servicios	0.3	0.2	34.1	1.6	6.8	15.1	1.2	19.0	17.6
Servicios Públicos	0.1	0.0	18.9	4.2	2.3	10.3	1.5	9.4	13.1
Salud	0.0	0.4	43.6	1.2	12.9	28.4	0.5	21.1	16.7
Productos Básicos	0.0	0.5	30.9	1.9	4.2	11.2	1.2	5.6	3.9
Finanzas	-0.4	-2.0	22.6	1.7	4.0	16.8	NM	13.1	18.5

Fuente: www.marketguide.com

cación, mejor es la expectativa de que tenga los mayores aumentos de precio en seis a doce meses siguientes. Por lo tanto, vamos a escoger industrias que caigan en las primeras tres clasificaciones.

También podrás echarle un vistazo a *Value Line Selection & Opinion*. En la página del *Market Monitor*, hay una lista de las mejores industrias en cuanto al aumento del precio de sus acciones. El propósito es de encontrar una industria que esté entrando en erupción. Vas a ver varias que lo estén haciendo; está bien. En este momento solamente estamos pesando las alternativas. Échale el ojo a varias industrias.

Finalmente, llegamos al centro del círculo donde dice: "compañía". Después de haber escogido estrellas en los sectores y las industrias, vamos a buscar las mejores compañías. Después de todo, queremos ver la lista de honor, no las acciones que quedaron en el último lugar de su clase. Hazle clic a las mejores industrias y fíjate en la lista de compañías. Aquí también cuentan las ganancias, las ventas y el comportamiento del precio de las acciones. Escoge unas cuantas, no más de las que puedas estudiar a fondo, quizás tres.

Si no tienes acceso al Internet, vuelve al informe del *Value Line Investment Survey*. Busca clasificaciones de las industrias y pasa a las listas de las compañías dentro de ellas. Estás buscando acciones que tengan una clasificación de 1 o 2 en *timeliness*, lo que quiere decir que se espera que estas empresas sean las que tengan más ganancias en el año próximo.

Para buscar una segunda opinión acerca de las compañías que escojas, pídele a la bibliotecaria el informe de *Standard & Poor*. Busca el nombre de la compañía que te interesa en la lista alfabética y vete a su informe. A mano izquierda, verás donde dice "*S&P Opinion*". Querrás que esa empresa tenga una clasificación de cinco o cuatro estrellas. Cinco significa "compre", cuatro, "acumule".

Piensa en que no tienes que comenzar por el anillo de afuera del blanco. No importa por donde comiences, siempre y cuando mires todos los anillos.

Así es que si tu tío Pepe te dice que la compañía Billy's Bagels es una

buena compra, ya sabes lo que tienes que hacer: analizar la compañía, la
industria, el sector y la Bolsa en general.

Las cotización de acciones en las publicaciones de finanzas o en los
diarios también nos ofrecen buenas pistas. Busca empresas cuyo precio de
acción esté marcando una nueva alta en las últimas 52 semanas. Los inversionistas han estado comprando esas acciones por alguna razón, y tú
debes averiguar por qué. Algunas publicaciones que tratan temas financieros también ofrecen listas de acciones que han tenido un alza en el volumen
de transacciones (el número de acciones que se han vendido o comprado).
Si una compañía tiene un volumen alto y el precio de sus acciones está
subiendo, los inversionistas están comprando en grandes cantidades. Ahí
suena algo. Discutiremos la importancia del volumen de ventas en el Capítulo 5.

Si vas a *www.rapidresearch.com*, verás una lista de las 20 mejores acciones. Escoge las compañías que tengan las ganancias más altas.

Para tener una idea de las buenas opciones que existen, ve a
www.marketwatch.com, hazle clic al botón que muestra los precios que han
llegado a su cima en las últimas 52 semanas y aquellos que han llegado al
fondo (*52-week Highs and Lows section*) y escoge las compañías cuyo precio
de acciones está subiendo. También encontrarás buenas pistas en *Dollar
Volume Leaders* y *Broker Research*.

En la sección de *Insider Trading*, fíjate en el número de ejecutivos de
una empresa que estén comprando sus acciones. Si los administradores
quieren acumular más acciones es porque sienten optimismo con el crecimiento del negocio.

En realidad, no importa donde consigas la información, siempre y
cuando escojas las mejores compañías en las mejores industrias dentro de
los mejores sectores en un mercado creciente. ¿Es mucho pedir? En realidad no lo es. Si puedes pasar un día entero organizando tu *closet*, definitivamente podrás contar con una hora para trazar la ruta hacia tu futuro
financiero.

Hay personas que les gusta ir a la sección de discusiones en Yahoo.
Allí, podrás hacerte una idea de las compañías al "escuchar" lo que dicen

de ellas otros inversionistas. Otro sitio popular es *www.siliconinvestor.com*, que se concentra en empresas en el área de la tecnología. No te olvides de pasar por la sección de discusiones de *www.fool.com*

Mientras más compañías veas, más pronto te darás cuenta de las que son buenas candidatas. Pero recuerda que no estamos listas para comprar sus acciones todavía; éstas tendrán que pasar por pruebas más rigurosas, como veremos en el capítulo siguiente. Sin embargo, un repaso rápido será suficiente por ahora, ya que sólo estamos acumulando candidatos.

Ahora vamos a ensayar. Vete a la sección *Market Guide Inc.* en *www.marketguide.com* y hazle clic a "*What's Hot*", entonces hazle clic a "*Sectors*". Allí verás una lista larga de sectores que están en auge. Vamos a escoger el sector de tecnología porque tuvo grandes ganancias. Al hacerle clic a ese sector, vemos muchas industrias. En la industria de las computadoras, escogeremos "*computer hardware industry*" porque también muestra buenas ganancias. Ahora veremos otra lista. Esta vez, la lista contiene las compañías dentro de esta industria. Revisa la columna de "*EPS Qtr.*", "*Rev Qtr.*", y los precios en la columna "*5 Day*". Selecciona cinco empresas.

Puede que *Value Line* y *Standard & Poor* tengan informes acerca de estas compañías. En Internet, ve a *www.marketwatch.com* y escribe los símbolos de las empresas para ver resúmenes acerca de ella. El propósito aquí es de familiarizarnos con estas compañías.

Inevitablemente, mientras revisas los datos acerca de una empresa, vas a encontrar noticias más recientes. Presta atención cuando anuncien nuevos productos, nueva administración o posibles fusiones o adquisiciones de otras empresas. Un prometedor producto nuevo puede darle un buen impulso a las ventas; una nueva administración le puede impartir nueva vitalidad a una compañía, especialmente si ya éste tenía buenos antecedentes. Con respecto a las fusiones y adquisiciones, típicamente el precio de las acciones de la compañía que está siendo asimilada sube inmediatamente después del anuncio. Los inversionistas se apresuran a comprar acciones de esta empresa, ya que se espera que el comprador está pagando un buen precio y fortificará su futuro.

Toma nota de las compañías que anuncian que están comprando sus propias acciones. Ello significa que están comprándoselas a los inversionistas. Eso es una buena señal ya que indica que la empresa tiene el capital para comprarlas. El precio de sus acciones está destinado a subir porque el número de acciones disponibles al público se rereducirá. En teoría, con menor oferta y la misma o mayor demanda, la acción subirá de precio. Para buscar las compañías que están comprando sus acciones, ve a *www.marketwatch.com*.

Finalmente, lee lo más que puedas acerca de las empresas que te interesen. Mientras más te familiarices con ellas, mejor te irá. Resiste la tentación de escoger una por ahora. Vamos a estudiarlas más detalladamente con el sistema que te enseñaré en el capítulo siguiente.

CAPÍTULO CUATRO

Cómo encontrar las mejores acciones

Estela se miró en el espejo del salón de belleza y vió las raíces oscuras que se asomaban en su cabellera castaña. Debía habérsela teñido hace un mes, pero las cosas en el trabajo estaban tan agitadas que no había tenido tiempo para hacerlo. Que bueno que su peluquera, Tina, tuviera la buena mano de hacer que el color le durara por tanto tiempo. En lo que la estilista le envolvía unas mechas con papel de aluminio, Estela se puso a leer una revista. Pero de pronto, sintió una mano sobre el hombro.

"¿Adivina?, le dijo Tina con gran alegría. "¡He comenzado a invertir en la Bolsa y estoy ganando dinero! Ahora hasta veo las noticias financieras. ¿Te imaginas eso? ¿Yo?" Estela escuchó con interés. Es lo que ella había estado ansiosa por hacer también; meterse en la Bolsa de Valores. Pero simplemente no había sabido por dónde empezar. Escuchándo lo de Tina sonaba tan fácil y para colmo, hasta le dió una pista a seguir al mencionar que una amiga le había recomendado comprar acciones de Pete's Bicycle Co. La amiga de Tina conocía a alguien que trabajaba para esa empresa y le dijo que el negocio iba tan bien que las acciones, de seguro, tenían que subir.

Dos horas más tarde, Estela salió del salón de belleza con un peinado nuevo y una nueva convicción: llegó la hora de lanzarse a la Bolsa.

Con $2,000 de sus ahorros —resultado del sudor de su frente— Estela compró 100 acciones de Pete's Bicycle por 19¾ ($19.75) por acción y pagó $25 en comisiones al corredor. Con gran fe siguió el progreso de su compra día a día, esperando el momento de poder cobrar su buena ganancia. Pero ese momento no llegó. Pasaron dos meses y el precio de las acciones de Pete's Bicycle bajó a $16. Estela consideró venderlas, pero no quiso perder su dinero y no lo hizo. Seis meses después, el valor de cada acción había caído a $10. Estela decidió vender. Perdió $1,025.

¿Qué había sucedido? El error de Estela estuvo en el haber comprado acciones sin preparar una estrategia apropiada. Eso es apostar, no invertir. Está bien que recibamos pistas de nuestras amistades, pero a menudo es fatal comprar sin investigar antes.

Si Estela hubiera evaluado correctamente la acción, valiéndose de las herramientas que han probado ser eficaces históricamente, hubiera aumentado sus posibilidades de ganar.

Estas herramientas pueden recordarse con una simple sigla en inglés: "BE A PROFIT" que representa *beta* (segunda letra del abecedario griego), *earnings* (ganancias), *atmosphere* (atmósfera), P/E (relación del precio con las ganancias), *return on equity* (rendimiento sobre activos), *outstanding performer* (rendimiento sobresaliente), *float* (número de acciones en circulación), *institutional ownership* (inversionistas de acciones institucionales) y *top dollar* (precio mayor). Estos son los aspectos de una compañía que debes considerar antes de comprar sus acciones. A pesar de que existen más factores de los que explico aquí, "BE A PROFIT" abarca lo más esencial. Podrás encontrar cada uno de estos factores en los informes de *Value Line*, en las tablas bursátiles de los periódicos financieros y en varios lugares del Internet.

La lista para escoger las mejores acciones

Las mujeres sabemos cómo funcionar con listas. Las listas son algo tan agradable, metódico y alentador que nos atraen. Son lo suficientemente pequeñas como para caber en la cartera y sin embargo tienen grandes consecuencias para nuestras vidas. ¿No te sientes relajada al marcar cada punto de una lista en un agitado día? Las listas nos aseguran que vamos bien encarriladas y que no se nos olvidará nada.

Voy a enseñarte como usar un a lista de factores que te ayudará a determinar si una acción en particular es una buena inversión.

Escribe las letras B-E-A-P-R-O-F-I-T de esta manera:

Compañía	B	E	A	P	R	O	F	I	T
	B	E	A	P	R	O	F	I	T

Cada letra representa un requisito con el que una compañia debe cumplir. Según la compañía satisfaga cada requisito, marca debajo de la letra que le corresponde. Si no pasa la prueba, ponle una X. Mientras más marcas tengas en la página, mejor será la posibilidad de que hayas encontrado una buena candidata a inversión. Vayamos letra por letra.

B Se Refiere Beta

¿Qué es eso de Beta? "Eso es griego para mí", refunfuñas. ¡Exactamente! Es griego. Beta es la segunda letra del abecedario griego. Pero en cuestiones de inversiones, beta tiene un significado especial, pues es una medida estadística de: 1) la oscilación del precio de una acción al compararla con 2) la oscilación de la Bolsa en general, usualmente medida por el *Standard & Poor's 500 Index*. "¡Caramba, ya sabía yo que eso era griego!" me respondes.

Voy a simplificarlo. Beta mide el riesgo de una acción. ¿Cómo? Al comparar sus altibajos con las de la Bolsa en general. Una acción que suba o baje con más intensidad que la Bolsa tendrá un la beta más alto que el de una acción con menores cambios. Por lo tanto, una acción loca tiene más riesgo que una cuerda. Ese cambio en precio el la acción se llama volatilidad. La fórmula con que calcula el valor de beta de una acción cubre, por lo regular, un período de tres años.

Cuando encuentres una acción con un valor beta alto, comprenderás inmediatamente que estamos hablando de algo que es más volátil. Cuando la Bolsa sube, subirá más. Pero si la Bolsa baja, bajará más también. Es como un niño susceptible que explota de enojo o se ríe alborotadamente de alegría: la acción reaccionará exageradamente si se le compara con la Bolsa. Por el contrario, una acción con un valor beta bajo no reaccionará tanto; cuando sube la Bolsa, no subirá tanto; cuando ésta baja, no bajará tanto. Un valor beta bajo se parece a un niño tímido que reprime sus emociones. Sus reacciones a los eventos exteriores son menores de lo que uno esperaría.

¿Por qué lidiar con beta? Al escoger entre dos acciones del mismo calibre pero con betas diferentes, la de menor beta conlleva menos riesgo, pero te dará menores ganancias. Permíteme que te explique.

Ante todo, debes comprender que beta se expresa con números. El movimiento de la Bolsa tiene un valor beta de 1. Cuando veas una acción con beta de 1, significará que ese precio va a variar tanto como la Bolsa. Cuando la Bolsa sube un poquito, así lo hará la acción. Si la Bolsa baja mucho, la acción también lo hará.

Una acción con un valor beta más alto o más bajo que 1 nos dice cuánto se ha desviado su precio comparado con la Bolsa. Por ejemplo, si el valor beta de una acción es 1.5, va a subir o bajar una vez y media más que la Bolsa. Si el beta es 0.5, se espera que esa acción varíe la mitad de lo que varíe la Bolsa. Típicamente, las acciones de tecnología tienen betas mucho más altos que 1. Las compañías de servicio público tienen betas de menos de 1 porque sus precios históricamente han sido más estables.

Hagámonos la idea que estás considerando comprar una acción de una compañía de computadoras con beta de 2. Tú sabes que eso significa que su precio podría subir o bajar dos veces más del cambio en la Bolsa. Si la Bolsa, según la medida del movimiento indicado por el índice de S&P 500, sube 5%, tu acción puede subir el doble o 10%. Si el S&P baja un 5%, tu acción podría bajar 10%.

Los inversionistas más agresivos preferirían este tipo de acción. A ellos no les importan los riesgos mayores porque el premio es mayor.

Quizás tus nervios no lo tolere. Si es así, sería mejor que invirtieras en una compañía de venta minorista porque tiende a ser menos volátil que las de tecnología. Si su beta es de 1.3, ello significa que la acción se moverá hacia arriba o hacia abajo 30% más que la Bolsa. Por lo tanto, si la Bolsa baja 5% se espera que esa acción baje hasta un 6.5% (5% × 1.3). Pero si la Bolsa sube 5% tu acción subirá también 6.5%.

Una acción con un beta de menos de 1, o sea, más bajo que la Bolsa, indica que su valor se mueve con menos intensidad que el de la Bolsa. Esta es una acción de beta bajo. Si una compañía de comestibles tiene un beta de 0.8, eso quiere decir que el precio de su acción subirá o bajará 20% menos que el precio de la Bolsa, porque 0.8%, es 20% menos que 1.

Por lo tanto, si la Bolsa baja 5%, tu acción podría bajar hasta 4% (5% × 0.8). Pero si la Bolsa sube 5%, tu acción solamente subirá 4%.

Para resumir: Mientras más alto sea el beta, mayor será el riesgo y la promesa de que te premies. Mientras más bajo sea el beta, menor será el riesgo, pero también la recompensa.

Si imaginas que el valor beta de la Bolsa es una línea recta, fíjate como luciría una compañía de computadora con un beta de 2:

ACCIÓN DE COMPAÑÍA DE COMPUTADORAS

(Beta = 2)

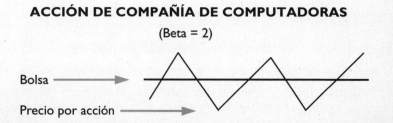

ACCIÓN DE COMPAÑÍA DE VENTAS MINORISTAS
(Beta = 1.3)

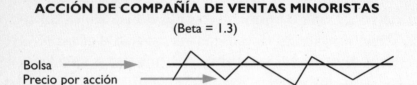

A los inversionistas agresivos no les importa el efecto de montaña rusa que tienen el invertir en las compañías de computadoras. Se resignan a las bajas siempre y cuando tengan la oportunidad de ganar más. Sin embargo, los inversionistas conservadores prefieren acciones de valores betas más bajos como las de la compañía de ventas minoristas. A ellos no les importa dejar pasar las grandes riquezas y escoger el menor riesgo.

No quiero que pienses que estoy diciendo que el beta más alto es sólo para los que se la juegan y que debes buscar un beta de menos de 1. No le tengas miedo a las acciones de betas más altos, porque con ellas recibirás más ganancias. Los estudios nos han demostrado que las mejores acciones han tenido betas de 1.14. Pero si te enfrentas a dos buenos candidatos, el que el beta más bajo no te quitará el sueño. Si decides comprar una acción de beta alto, no le quites el ojo de encima y prepárate para vender rápidamente, porque la marea puede cambiar sin aviso y con furia.

No te apresures a comprar una acción de beta de 2 o más. Los estudios han demostrado que menos del 5% de las mejores acciones han llegado a ese nivel de volatilidad. Por eso, no te tomes más riesgos de lo que tus nervios puedan aguantar.

Cuando encuentres el valor beta de una acción, haz una marca bajo la letra "b" y anótale el número de beta.

E equivale a Ganancias (Earnings)

Es otra palabra con el mismo significado de provecho o lucro, el balance final. ¿Todas estas palabras y esta frase significam lo mismo? Sí. *Earnings* o ganancias es el dinero que sobra después que la compañía paga sus gastos.

Vamos a hacernos la idea de que la compañía Grandes Trajes de Baño para Grandes Cuerpos vendió $5 millones el año pasado. La compañía no se queda con todos esos millones en ventas (otra palabra sería ingresos). Después de todo, hay que pagar los gastos. Los salarios de sus 100 empleados, el costo de la mercancía al mayor, la renta, la electricidad, el teléfono y más. También hay que pagar los impuestos de esos ingresos. Después de los gastos del negocio, quedan $100,000. Esas son las ganancias —*earnings*— lo que la compañía ganó en neto.

"¿Por qué fijarnos en las ganancias cuando los ingresos son más impresionantes?" me preguntas. Sí, las ventas van bien. Pero si después de pagar gastos la tienda se queda sin ganancias ¿de qué le valieron las ventas? El negocio no va a poder sobrevivir. Hazte la idea de que, en vez de ganar $100,000 netos por año, la compañía perdiese $200,000. ¿Cómo? Te explico. Si el último diseño de esa tienda, los bikinis de tela brillante, resultó ser un fracaso y el inventario se moría de risa acumulado por montones en la fabrica, las ventas de este buen comercio hubieran sufrido un decenso de 5%. Mientras tanto, los gastos subieron más como resultado del enorme esfuerzo que tuvieron que hacer para deshacerse de esos bikinis. ¿Cuál fue el resultado de todo este fiasco? Una pérdida de $200,000, 12% más bajo que el año anterior. El precio de la acción de Grandes Trajes de Baño para Grandes Cuerpos bajó porque la compañía perdió dinero. A pesar de que las ventas no bajaron mucho, las ganancias sufrieron las consecuencias.

¿Recuerdas lo que Mami siempre decía? No te cases con un hombre que gane mucho dinero, pero que lo gaste todo. Es mejor escoger a alguien que no gane tanto pero que sepa ahorrar. Recuerda, las ganancias (*earnings*) son lo que cuenta. Es el motivo principal que hace subir el precio de una acción.

Cómo usar "EPS" para escoger acciones

¿Que qué es EPS? Pues *Earnings Per Share* o ganancias por acción. Acabas de aprender qué son ganancias y ya sabes lo que son acciones. Une los dos conceptos y obtendrás las ganancias por acción que son el EPS, las ganancias de una compañía, divididas entre el número de acciones en circulación. Es la manera de saber la cantidad de dinero que recibiría cada accionista si se compartieran las ganancias. Si un grupo de cinco personas en tu oficina se ganara $1 millón en la lotería, después de pagar los impuestos les quedaría alrededor de $500,000. Cada persona recibiría $100,000. El concepto de las ganancias por acción o EPS funciona de la misma manera.

Por fin, Grandes Trajes de Baño para Grandes Cuerpos se recuperó del mal negocio que hizo con sus bikinis. Todo marcha bien, gracias a un nuevo diseño de traje de baño con una faldita que cubre halagadoramente las caderas de sus clientas, este año las ganancias son de $100,000. Pero los inversionistas de la compañía desean saber qué parte de estas ganancias les corresponde a ellos. Toma la ganancia de $100,000 y divídela entre el millón de acciones en circulación de esta compañía. El resultado es 10 centavos. La compañía ganó 10 centavos por cada acción adquirida por sus inversionistas. Un accionista con mil acciones podría recibir $100, procedente sólo de las ganancias, sin contar el valor del inventario.

Pero los inversionistas por lo regular no reciben todo el dinero. Una compañía no tiene que darle sus ganancias a los accionistas. Podría repartir parte de ellas y quedarse con el resto, o retenerlas todas para invertirlas en el crecimiento del negocio. La distribución de ganancias se llama dividendo. No importa lo que decida hacer la compañía con sus ganancias, el factor EPS, o ganancias por acción, tiene un propósito muy importante: indica la salud económica del negocio. Si el EPS sube, están entrando más ganancias y el negocio va bien. Si ocurre lo contrario, el negocio se está debilitando.

Al buscar las ganancias por acción, debemos buscar las ganancias "diluidas", no las ganancias básicas. Las ganancias diluidas —las que toman en cuenta no sólo las acciones comunes sino las preferidas y los bonos convertibles— nos dan el número más exacto de las verdaderas ganancias. Las ganancias básicas —también llamadas sin diluir o puras— contienen factores que pudieran darnos una idea equivocada de la verdadera situación de la compañía.

Excluye eventos especiales, aquellos que sólo ocurren de vez en cuando, como la venta de una división de la compañía. ¿Por qué? Si la empresa suma la cantidad que recibió por esa venta a sus ganancias, EPS subirá. Pero el negocio en realidad no ha mejorado su situación. El nuevo número refleja la venta que acaba de ocurrir y ha inflado sus ganancias. Debes leer el informe trimestral de las compañías para saber si algo así ha ocurrido recientemente.

Un informe de las ganancias por accións, EPS de la compañía XYZ podría lucir de esta manera:

	1996	1997	1998	1999
EPS Puras (Undiluted)	.43	.83	1.50	1.75
EPS Diluidas (Diluted)	.41	.80	1.47	1.72

Regresemos a Grandes Trajes de Baño para Grandes Cuerpos. La dueña de esta tienda es una señora muy nerviosa. La pobre, se preocupa por todo. Cuando sale de su casa, se molesta si no puede acordarse si apagó la estufa. ¿La apagó? ¿No la apagó? Regresa apresuradamente a su casa, sólo para ver que todo estaba en orden. En lo que se refiere a su negocio de trajes de baño, se preocupa también. Ella no quiere esperar el informe de fin de año para descubrir como le fue en el negocio. Su contador revisa los archivos cuatro veces al año—cada tres meses o trimestralmente—y reporta los resultados a los inversionistas del negocio.

Otros dueños de compañías tal vez no sean tan nerviosos como esta señora, pero todas las compañías en los que venden sus acciones al público en Estados Unidos tienen que cumplir con el requisito de informar sus resultados trimestralmente, al igual que los de Grandes Trajes de Baño para Grandes Cuerpos. Cada tres meses, la compañía publica un boletín que refleja el estado financiero del negocio a sus inversionistas. Después de todo, los accionistas tienen el derecho a saber cómo van las cosas. En el lenguaje de *Wall Street*, este boletín lleva el título de *"quarterly report"* o informe trimestral. También se le llama el *10-Q report*, ya que es éste el número del formulario que requiere el Gobierno para que se archive como su informe trimestral.

A fin de año, la compañía suma todas las ganancias de los cuatro períodos. Esto resulta en el informe anual de EPS. El número de este formulario es 10-K. Vas a ver cinco número de EPS en el informe anual: cuatro informes de EPS trimestrales y uno anual.

Nota: El año de una compañía, conocido como año fiscal, no siempre comenza el 1 de enero y termina el 31 de diciembre. Puede comenzar y terminar en cualquier mes, quizás del 1 de mayo hasta el 30 de abril del año siguiente. La compañía siempre identificará el primero, el segundo, el tercero y el cuarto trimestre de su año fiscal.

Ahora que ya sabes qué significan las ganancias por acción o EPS, ¿de qué te sirve esta información? Averigua si el EPS está creciendo a razón de 25% o más. Vamos a concentrarnos en el EPS trimestral primero y después hablaremos del anual.

Paso 1: Consíguete el informe trimestral más reciente de la compañía. Lo puedes adquirir de los informes *Standard & Poor*, de *Value Line* o del Internet. Busca el EPS para ese trimestre.

Paso 2: Compara este EPS con el EPS del mismo trimestre del año anterior.

Por ejemplo, si el tercer trimestre del año 2000 tuvo un EPS de 20 centavos, vas a comparar esta cifra con el tercer trimestre del año 1999, el cual tuvo ganancias de 10 centavos por acción. Recuerda: La misma temporada del año pasado. Tenemos que comparar los mismos períodos de tiempo de años diferentes —primer trimestre con primer trimestre, segundo con segundo y así sucesivamente—. No confundas los trimestres, porque el resultado será completamente erróneo.

Hagámonos la idea de que nuestra pequeña Carolina trabaja diligentemente en sus tareas durante su año escolar, pero durante las vacaciones de verano se va a pasear a menudo y a jugar con sus amiguitas. ¿Crees que sería justo comparar el trabajo que ha hecho en la primavera con el del verano? Si así lo haces, vas a sacar la conclusión muy equivocada de: "¡Oh, no! ¡Carolina se ha descuidado sus estudios! ¡La pequeña estudiante escribió 10 informes en la primavera y ninguno en el verano!" Esa es una conclusión muy equivocada.

La mayoría de las empresas, especialmente las de ventas minoristas también pasan por temporadas altas y bajas. ¿Piensas que las ventas trimestrales de Sears durante la época de las Navidades se podrían comparar a las ventas durante los meses de primavera? No. Durante los días Navideños hay mucho más volumen de ventas en las tiendas. Para poder comparar con validez, tenemos que comparar períodos similares.

Paso 3: Hazlo de nuevo. Busca el trimestre anterior y compáralo al mismo trimestre del año anterior. Repítelo de nuevo.

Si el último trimestre fue el tercer trimestre del año 2000, entonces el trimestre anterior sería el segundo trimestre del año 2000. Compara el EPS del trimestre anterior con el EPS del mismo trimestre un año atrás. En nuestro ejemplo, ello sería la comparación del segundo trimestre del año 2000 con el segundo trimestre del año 1999.

Repítelo de nuevo. Escoge un trimestre anterior al segundo. En este caso, sería el primer trimestre del año 2000. Compáralo al mismo trimestre del año 1999, o sea, el primer trimestre de ese año.

Paso 4: Ya tienes seis cantidades. Es hora de organizarlas. Pon en parejas los trimestres correspondientes de cada año (por ejemplo, el tercero con el tercero, segundo con el segundo) y marca claramente a qué año pertenecen. Debe lucir así:

Primer Trimestre		Segundo Trimestre		Tercer Trimestre	
2000	1999	2000	1999	2000	1999
.09	.06	.15	.08	.20	.10

Paso 5: Hazte la siguiente pregunta: "¿Está aumentando el EPS con cada par de trimestres?" En nuestro ejemplo, en el tercer trimestre de 1999 hubo ganancias de 10 centavos. Sin embargo, un año más tarde, aumentó a 20 centavos. ¿Y que tal el segundo trimestre? Hubo —ganancia de 8

centavos en 1999 y de 15 en el año 2000. En el primer trimestre, encontramos 6 centavos un año y nueve centavos el siguiente. Las ganancias fueron subiendo. Todo va bien hasta ahora. Si las ganancias no aumentan, descarta esta candidata y busca otra compañía.

Paso 6: Calcula la proporción del crecimiento de las ganancias. Estamos buscando un aumento de por lo menos 25%.

Veamos el par del tercer trimestre. Aquí, las ganancias han sido de 20 y 10 centavos, respectivamente. Saca tu calculadora. Entra en ella la cantidad del trimestre más reciente (20 centavos) y réstale el número del año anterior (10 centavos). Veinte centavos se marca así: ".20" y 10 centavos se entran así: ".10". Cuando restas estos dos números, la calculadora debe darte: ".10".

Ahora oprime el botón del símbolo de división y entra el número más viejo (.10). El resultado es ahora "1". Oprime el botón del símbolo de multiplicar y entra el número 100. El resultado será de "100" o 100%. Al repetir estos pasos con las cifras del segundo trimestre, verás el resultado de 88%. El primer trimestre hubo un aumento de 50%.

¿Están aumentando las ganancias a una proporción de más de 25%? Sí señor.

Paso 7: Ahora es el momento de fijarnos en las ganancias anuales por acción. Como dije anteriormente, este es el EPS de la suma de los cuatro trimestres. Mira el informe trimestral, apunta los EPS de los últimos tres a cinco años y compara cada cantidad con la del año anterior. En cada caso, el EPS debe haber crecido por lo menos 25%.

GRANDES TRAJES DE BAÑO PARA GRANDES CUERPOS

Años 2000/1999	Años 1999/1998	Años 1998/1997	Años 1997/1996	Años 1996/1995
.55 .36	.36 .25	.25 .18	.18 .13	.13 .10
53%	44%	39%	38%	30%

Grandes Trajes de Baño para Grandes Cuerpos pasó la prueba. Investigación adicional: Otras fuentes de información también pueden ofrecernos las ganancias en comparación con otras compañías. En un sistema comparativo, es como si todas las compañías se echaran en un cubo. El aumento de sus ganancias se compara entre ellas. ¿Por qué comparar tu compañía con otras? Si las ganancias de tu empresa crecen a un promedio de 25% puede que te impresiones, pero eso no será tan impresionante si ves que la mayoría de las compañías tienen un promedio de crecimiento de 35%. Por esta razón, nos conviene saber que nuestra empresa compara favorablemente con otras. Hay que buscar una clasificación de EPS de 85 o más. Eso significa en que el aumento las ganancias de esa compañía ha sido más que el 85 de todas las demás empresas.

Si la corporación que te interesa da la talla con respecto a sus ganancias, marca la "E".

A para el ambiente (Atmosphere)

Cuando las mujeres invertimos es importante que lo hagamos a la par con un ambiente propicio en la Bolsa. ¿Recuerdas el dibujo del blanco en el Capítulo 3? El círculo de afuera representaba el estado general de la Bolsa de Valores. Debemos invertir solamente cuando la tendencia de la Bolsa es a subir. De lo contrario, la inversión será peligrosa. Vamos a estudiar el estado de la Bolsa más detalladamente.

Para medir la salud de la Bolsa, tenemos que determinar en qué dirección va la mayoría del dinero en ella. ¿Hay más vendedores que compradores, o vice versa? No es fácil calibrar un ambiente donde se compran y venden millones de acciones cada día. En realidad es demasiado grande para hacerlo. Las autoridades de *Wall Street* estimaron lo mismo. Así es que se inventaron unos instrumentos especiales para medirlo. A estos instrumentos se les llama índices.

Cuando estás haciendo una sopa, ¿cómo sabes si tiene suficiente sal? No tienes que tragarte el caldero completo para probarla, sólo necesitas probar una pequeña cantidad. Los índices de la Bolsa de Valores son como estos sorbitos de sopa. Al estudiar una pequeña parte de la Bolsa, obtendremos una idea de las condiciones del resto.

El índice más famoso es el *Dow Jones Industrial Average*. Este es el índice más viejo de todos, existe desde el año 1896. Hoy, el Dow esta compuesto de 30 eminentes compañías del *New York Stock Exchange* o la Bolsa de Valores de Nueva York, de una variedad de industrias que representan la economía de Estados Unidos. Al observar estas corporaciones, explican los expertos en esos análisis, nos daremos cuenta de cómo le va al resto de la Bolsa. Al pasar los años, los componentes del Dow han cambiado. Solamente queda la compañia General Electric de las doce originales que lo formaron.

El índice se calculara diariamente y los resultados se trazan en una gráfica. Los cálculos se basan en los precios de las acciones de cada empresa, lo que significa que las acciones de compañías cuyos precios más altos, como IBM o Hewlett-Packard, pueden influenciar drásticamente el resultado total del índice de Dow cualquier día. El Dow da el promedio de acuerdo al precio de las acciones de cada una de las 30 compañías que lo forman y se publica en el *New York Stock Exchange*. Sus resultados se expresan en puntos. Si el Dow sube a 100, eso significa que subió 100 puntos.

Las noticias de cada noche siempre dan los cambios en el índice del Dow. Puede ser que suba 55.75 puntos un día y baje 13.35 al día siguiente. Después de acostumbrarte a prestarle atención, empezarás a darte cuenta cuando el Dow sufre un cambio extremo. Históricamente, al Dow se ha considerado como el molde o patrón para la Bolsa en general. Según la teoría, si el Dow va bien, se considera que al resto de la Bolsa también le va bien. Pero su importancia ha ido disminuyendo. Después de todo, sólo incluye 30 compañías y éstas son todas grandes. ¿Cómo puede representar al resto de la Bolsa?

Hoy día, *Wall Street* prefiere el índice *Standard & Poor's 500* al Dow. Quiero hacerte una pregunta. ¿Cuántas compañías crees que tiene el S&P 500?" ¡Adivinaste! El S&P 500 contiene 500 compañías en las mejores industrias; 400 compañías industriales, 40 empresas financieras y 60 compañías de servicio público y de transporte. Como tal, es un índice mas amplio —y mejor— que mide con mayor precisión el estado total de la Bolsa, ya que incluye empresas de varios tamaños. En contraste con el Dow, el S&P 500 no se basa en el precio de las acciones de sus componentes. Su valor se basa en el valor en el mercado de cada compañía que lo constituye. ¿Recuerdas cómo se calcula el valor de una compañía? Tomamos el valor de una acción y lo multiplicamos por el número de acciones en circulación. Ese es el precio de la empresa en la Bolsa. Otra palabra para ello es capitalización. Por lo tanto, las compañías más grandes y de más valor afectan más el valor total del índice que las hermanitas pequeñas que le acompañan.

La tercera vara de medida más popular es el *NASDAQ Composite* o Índice Electrónco de NASDAQ que está compuesto de más de 5,400 compañías. Al igual que el S&P 500, este índice se mide de acuerdo a la valorización de sus empresas. Las compañías más grandes tienen más peso en el índice que las pequeñas. Pero en contraste con el Dow y el S&P 500, el NASDAQ contiene compañías grandes, medianas y chicas. Sin embargo, la participación en este índice se limita a aquellas compañías que compran y venden dentro del NASDAQ, a exclusión de las establecidas y conocidas empresas del NYSE.

A pesar de que los cambios en estos índices se informan en los noticieros, no te preocupes demasiado si ves que todos bajan. Aunque la mayoría de las acciones podrán bajar al mismo tiempo, eso no quiere decir que las acciones que tú tienes van a hacer lo mismo. Los índices nos dan una idea de cómo va la Bolsa en general. Tus acciones pueden ir en contra de la corriente. Vamos a suponer que Dow bajó 76.03 puntos en un día pero tus acciones en la compañía Costco subieron ¾ a 79½. Eso puede suceder y es perfectamente normal.

Dow, S&P 500 y NASDAQ no son los únicos índices que existen. Hay índices que se ocupan sólo de las compañías medianas, o de las pequeñas, o de toda la Bolsa, o de las compañías internacionales, o de los bonos. La lista es larga. Pero nosotras nos concentraremos en estos tres índices como indicadores del estado de la Bolsa en general.

Fíjate en las gráficas del Dow, S&P 500 y NASDAQ. Si las tres muestran líneas que tienden a ir hacia arriba, eso quiere decir que la Bolsa está subiendo. Marca tu papel debajo de la letra "A". Si las líneas no coinciden guíate por la gráfica de S&P 500. Históricamente, con el tiempo, las otras dos le han seguido.

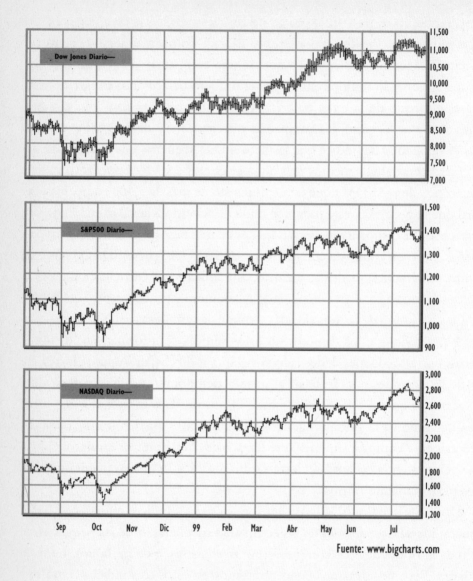

Fuente: www.bigcharts.com

P se refiere a Precio/Ganancia (P/E)

¿Cómo determinamos si el valor de una acción es bueno? Un modo de hacerlo es con (la relación entre el precio y los beneficios, o las ganancias), en inglés se conoce como el *P/E ratio*. P/E es el resultado de una fórmula con la cual se divide el precio de la acción por las ganancias netas de la empresa durante los últimos 12 meses. No te preocupes, no tendrás que calcularla. Los informes trimestrales y las tablas de cotizaciones muestran claramente el valor del P/E. Pero para que veas como se hace, te enseñaré a calcularlo.

Si una acción tiene un precio de $30 y sus ganancias durante los últimos 12 meses han sido de $2, su P/E es 15, ($30 dividido entre $2). Pero, ahora que sabes como calcularlo, ¿qué haces con esta información? En nuestro ejemplo, si la compañía continúa produciendo las mismas ganancias, eso significaría que te demorarías 15 años en recuperar el costo de $30 por acción. Digamos que una acción de otra empresa se está vendiendo por $40 y sus ganancias anuales fueron de $1 por acción, lo que resultará en un P/E de 40. Tendrías que esperar 40 años para recuperar, de estas ganancias, tu inversión de $40 por acción. Esta compañía es más cara que la anterior teóricamente, porque tardarías más tiempo en recuperar tu dinero.

Sin embargo, si otra compañía a la que le tienes puesto el ojo, tiene un precio de $100, pero sus ganancias son de $10 por acción, ésta es la mejor ganga de todas, porque su P/E es 10. ¿La mejor ganga? ¡Pero, estamos hablando de una acción que cuesta $100 mientras las otras cuestan $30 y $40! Sí, pero de acuerdo al P/E de esta compañía, sólo necesitarías esperar 10 años para recuperar tu inversión en vez de 15 ó 40 años con las otras dos.

Es como comprar un vestido en Bloomingdale's por $125 o uno en La Ganga Del Día por $35. El vestido de La Ganga parece mejor negocio, pero probablemente la tela no es de la misma calidad que el más caro y podría deshilacharse y desteñirse en seis meses. Sin embargo, el vestido de $125 puede parecer más caro a primera vista, pero si te dura 10 años, su costo ha sido en realidad de $12.50 por año. El vestido de La Ganga te costó $35 por menos de un año.

Por lo tanto, una acción más cara puede tener mejor valor que una barata. Todo depende de cuanto tengas que esperar para recuperar tu dinero. Ahora bien, nadie invierte con la intención de esperar tanto tiempo para recuperar su dinero. Por eso, el inversionista debe buscar una compañía que tenga ganancias aceleradas para recuperar su dinero lo antes posible. Por eso es que muchos accionistas optan por pagar un precio más alto por acciones de las compañías con rápido crecimiento.

Ahora, busquemos el P/E de la industria de la compañía que te interesa. Por ejemplo, si estás considerando comprar acciones en Mobil, la industria que le corresponde es la del petróleo. En igualdad de condiciones, queremos compañías que tienen un P/E más bajo que el P/E de su industria. Lo que significa que si la industria petrolera tiene un P/E de 18, querríamos comprar acciones en Mobil sólo si su P/E es menor que 18. Queremos buenas compañías, pero las queremos en venta especial. ¿Te acuerdas de los dos vestidos? Sin duda alguna, el vestido de Bloomingdale's es de mejor calidad. Ese es el que queremos. Pero, ¿tendremos que pagar los $125 que nos piden? No si lo podemos conseguir en liquidación con un descuento del 40%.

Otra razón por la cual preferiríamos un P/E bajo es que cuando la Bolsa cae, las acciones con P/E altos sufren más que las demás. Si los inversionistas piensan que el ambiente de la Bolsa está deteriorándose, venderán las acciones de P/E alto primero porque tienen menos esperanzas de que el precio suba más en una mala situación.

Si tu acción tiene un P/E más bajo que el de su industria, hazle una marca bajo la letra "P".

Nota: Después de alabar las virtudes de los P/E bajos, no te enojes si me oyes decir algo que, en la superficie, parece completamente contradictorio y es que no descartes automáticamente las compañías que tengan un P/E alto simplemente por ese hecho. El invertir no es una ciencia exacta. Si así fuera, ya todos seríamos ricos a estas alturas. El invertir es un arte. Cuando veas una acción con un P/E alto, apúntalo pero no dejes de fijarte en todas las demás características de la misma. Mira la compañía en sí. Si piensas que su futuro justifica el alto P/E, puedes considerar invertir en ella. Una de las mejores empresas de nuestra era ha sido Microsoft. Recientemente, el P/E de esta compañía llegó a 100.

R se refiere al rendimiento sobre el promedio de captial (Return On Equity)

Cuando inviertes tu dinero en una corporación, ¿no te gustaría saber que sus administradores cuidan bien de tu capital? Claro que sí. Eso es lo que mide el rendimiento *return on equity*, o simplemente ROE. "Equity" o los activos, se refiere a la inversión de los accionistas. Es el capital invertido en una empresa más las ganancias que la compañía retuvo y reinvirtió en el negocio.

Podrás encontrar el ROE de una empresa en los informes trimestrales. Sin embargo, si quieres saber cómo se llega a esa cantidad, divide las entradas netas del negocio entre el capital de los inversionistas. Si una compañía gana $300,000 y muestra una inversión de capital por parte de los inversionistas de $2,000,000, el ROE es de 15%. Ese es un buen rendimiento. Una cantidad menor de 10, indica debilidad. Warren Buffett, el inversionista multimillonario famoso en Estados Unidos y uno de los de hombres más ricos del mundo, requiere que las empresas en las que invierte tengan un ROE de por lo menos 12%. Nosotras vamos a exigir 15 o más.

Si el ROE de tu acción pasa esta prueba, haz una marca bajo la letra "R".

O se refiere a rendimiento sobresaliente (Outstanding Performer)

Tiene sentido que escojamos una compañía cuyos resultados sean sobresalientes en lo que se refiere al precio de su acción. El mismo debe haber subido más rápido que las demás empresas. "Espera un momento", me dices. "¿No dijiste que estábamos buscando acciones a un buen precio?" Sí, eso es verdad. Pero una acción que está subiendo de precio más que las demás no tendrá necesariamente un P/E alto.

Lo que estamos buscando es una compañía cuya acción haya subido de precio más que las demás compañías en los últimos 12 meses. Esto sucede cuando a los inversionistas les atraen sus cualidades y vierten su dinero a montones en ella. El resultado de la rapidez con que sube el precio se mide jerárquicamente. Bajo el sistema de jerarquía, el precio de una acción se compara con los precios de las demás compañías en su industria, y el del precio de esa industria se compara además con el comportamiento de precio de otras industrias.

En *www.marketguide.com* verás la tabla del comportamiento del precio de cada compañía. Debe lucir algo así:

COMPORTAMIENTO DE PRECIO (PRICE PERFORMANCE)

Período (Period)	Porcentaje actual (Actual %)	Vs. S&P 500 (%)	Clasificación en la industria (Rank In Industry)	Comportamiento de la industria (Industry Rank)
4 Semanas (4 Week)	31.9	25.4	77	98
13 Semanas (13 Week)	100.6	88.3	90	94
26 Semanas (23 Week)	422.6	349.3	99	96
52 Semanas (52 Week)	447.4	359.9	97	90
Desde el principio del año (YTD)	510.8	432.6	98	95

Nota: La clasificación es un porcentaje del 0 al 99, con el 99 representando la mejor.

Fuente: www.marketguide.com
©Market Guide Inc. 2000

Bajo el encabezamiento de "Clasificación en la industria" o *"Rank In Industry,"* para el período de las 52 semanas anteriores, encontramos un 97. Esto es un excelente resultado. Nos conformaremos con un 80 o más, lo que quiere decir que el precio de esa acción ha sobrepasado al 80% de las demás compañías de su industria.

Ahora miremos donde dice "Comportamiento de la industria" o *"Industry Rank"* por el mismo período de tiempo. Ahí vemos un 90. ¡Esta compañía pasa nuestro riguroso examen!

Cuando veas una clasificación alta en esa dos columnas, eso quiere decir que has encontrado una compañía sobresaliente en una industria que arde.

Si las acciones de la empresa que estás considerando comprar tienen una clasificación de 80 o más, marca bajo la letra "O".

F se refiere al número de acciones en circulación o (Float)

En *Wall Street*, el número de acciones en circulación no significa el número de acciones autorizadas. El número de acciones antorizadas se refiere a la cantidad de acciones que el *Securities and Exchange Commission* o la Comisión de Bolsa y Valores (SEC) la (agencia) Federal que da permiso a una companía. Las acciones en circulación son sólo aquellas que están a la disposición del público para compra y venta y no cuentan las adquiridas por los gerentes de la empresa ni las de sus directores. En otras palabras, el número de acciones en circulación es la cantidad que autoriza el SEC para oferta, menos las acciones adquiridas por los directores y gerentes de la corporación.

Por ejemplo, una compañía puede solicitar que se le autorice la venta de 50 millones de acciones. No ofrecerá esas 50 millones de una vez, pero es más práctico solicitar el permiso para vender muchas y ofrecerlas cuando lo necesiten porque el proceso para conseguir el permiso lleva mucho tiempo y trabajo. Puede ser que la empresa sólo ofrezca 10 millones de acciones para empezar, dándole oportunidad de comprar primero a las personas que dirigen la empresa. Una vez que estos individuos compren, lo que sobra es lo que conocemos como "acciones en circulación".

En nuestro caso, mientras más pequeño sea ese número, mejor. Lo que quiere decir que no tomaremos en consideración a compañías como IBM y nos concentraremos en pequeñas y medianas empresas nuevas antes de que se conviertan en grandes conglomerados. No significa esto que las grandes compañías son indeseables para invertir, pero el precio de las ac-

ciones de las compañías más chicas tiende a aumentar de valor más rápidamente porque tiene un número limitado de acciones en circulación.
También es más fácil que las corporaciones pequeñas crezcan —a veces el
doble de su tamaño— que las compañías que ya han pasado esas etapas de
crecimiento.

Con el tiempo, los precios de las corporaciones pequeñas crecen, en
promedio, más que los de las de gran capitalización. ¿Sabías que $10,000
invertidos en la compañía Microsoft en 1987 valdrían hoy $1.75 millones?
Pero esos mismos $10,000 invertidos en McDonald's, resultarían sola-
mente en $79,000. En aquellos tiempos, McDonald's ya estaba establecida
como una cadena de empresas gigante en comparación con Microsoft. *Wall
Street* evaluó a McDonald's cuatro veces más valiosa que Microsoft. Hoy,
este gigante de productos electrónicos tiene un valor seis veces mayor que
el del rey de las hamburguesas.

¿Por qué las compañías con menos acciones en circulación tienden a
aumentar su valor más rápido que las que tienen más? Por la ley de oferta
y demanda. Con un número más pequeño, hay menos acciones disponibles
para los inversionistas. Cuando la demanda sube, la oferta por estas acciones hace que el precio suba más rápido que para las empresas con una
cantidad enorme de acciones en circulación.

De manera que, busca una empresa con un número de acciones en
circulación de 50 millones o menos. Si tu compañía cumple con este requisito, marca bajo la letra "F".

I se refiere a los inversionistas institucionales o (Institutional Investors)

Tu prodigio de doce años, Marcos, interpreta el papel principal en una
obra de teatro escolar. Cuando baja la cortina por última vez, con los ojos
llenos de lágrimas, te enorgulleces de pensar que Marcos tendrá un futuro
prometedor como actor. ¡Qué placer! Pero, ¿no sería mucho mejor si un
agente de Hollywood estuviera allí y reconociera el gran talento de tu hijo?

En lo que se refiere a acciones, también es más importante que tengamos a los expertos de nuestro lado: los inversionistas institucionales. Ellos son los grandes compradores con mucho dinero, como los fondos mutuos, los fondos de pensión, las compañías de seguros, los bancos con fideicomisos y otros. Ésto incluye el sistema de retiro de los empleados del estado de California, un gigantesco fondo de pensión y Fidelity Magellan, el fondo mutuo más grande en América. Si el pequeño inversionista fuera un ratón, éstos serían elefantes.

Para nosotras, es una ventaja que los inversionistas institucionales sean dueños de acciones de las mismas compañías que nosotras. Si a estos gigantes les gusta nuestra empresa, eso por lo regular significa que vamos por buen camino.

Sin embargo, aunque la presencia de estas instituciones es deseable, no debe ser exagerada. Ten preferencia por las compañías con menos de 50% de inversionistas institucionales. Un número más alto significa que la mayoría de las acciones han sido adquiridas por ellos. Al no ocurrir la venta en cantidades enormes, el precio de las acciones no subirá mucho.

¿Adónde va el dineral?

Una vez que hayas establecido que la compañía que te interesa tiene inversionistas institucionales, el siguiente paso es saber si éstos demuestran optimismo por su futuro al comprar más acciones o se han arrepentido de su decisión y han comenzado a venderlas.

Nuestra tarea es determinar si estas instituciones están de compras o no. Si las acciones de una compañía están siendo adquiridas por instituciones, se dice que las están acumulando. Cuando las instituciones venden sus acciones por montones, se dice que las están distribuyendo.

Esta información está a nuestro alcance en *www.marketguide.com*. Las compras netas durante el último trimestre—las cuales toman en cuenta las ventas y compras de acciones— debe ser un número positivo. Eso quiere decir que el número de acciones que se compraron sobrepasa el que se vendienron.

INVERSIONISTAS INSTITUCIONALES
(INSTITUTIONAL OWNERSHIP)

% de acciones adquiridas	26.98
# de instituciones	42
Total de acciones (Mil)	1.786
compras netas (Mil)	0.291
acciones adquiridas en 3 meses (Mil)	0.770
acciones vendidas en 3 meses (Mil)	0.479

Fuente: www.marketguide.com, julio 1999

©Market Guide 2000

La tabla anterior indica que los inversionistas institucionales tienen 26.98% de las acciones en circulación de la compañía. Eso es muy bueno. Ellos ocupan un lugar principal en la empresa, pero queda espacio para que entren más. La cifra total del último trimestre (compras netas) es 0.291. Este número está expresado en millones, por lo tanto se traduciría a 291,000 acciones. Como este número es positivo, podemos suponer que cuando tomamos en consideración las ventas y compras de acciones, los compradores se adelantaron con 291,000. Ésto es una señal positiva porque indica que hubo más compras que ventas.

Si buscas información acerca de las transacciones de las grandes instituciones en otra fuente, puede ser que no te dé el número exacto de acciones netas durante el último trimestre. En vez de esta información, otros informes expresan la cantidad en porcentajes, indicando el por ciento de acciones pertenecientes a las instituciones en el último trimestre, comparado al trimestre anterior. En ese caso, busca un aumento en este porcentaje. Eso quiere decir que los compradores importantes están actuando.

Si las compras netas son positivas, o si los inversionistas institucionales están aumentando, haz una marca debajo de la "I".

T se refiere al precio más alto o (Top Dollar)

Hasta ahora, nuestra candidata parece buena. Pero, ¿la compramos enseguida? La respuesta a esta pregunta se obtiene contestando una segunda: ¿Está el precio de la acción en o dentro del 10 por ciento del precio más alto durante las últimas 52 semanas? Si lo está, puede ser que éste sea el momento de comprarla, pero lo sabremos de seguro cuando estudiemos las gráficas en el Capítulo 5. El legendario Jesse Livermore, uno de los inversionistas más pintorescos de la década de 1900, tenía por costumbre comprar sus acciones cuando habían casi alcanzado o habían llegado a la cima de su precio anual. A este exitoso inversionista le gustaba esperar a que el precio de una acción subiera considerablemente antes de comprarla. Él prefería hacerlo así porque esas acciones casi siempre acababan por subir aún más desde ese punto en adelante.

Esta es probablemente una de las reglas más difíciles de seguir. ¡Nos encantan las gangas! Pero no creas que porque el precio esté bajo estás haciendo una buena compra. Recuerda, lo barato sale caro. Si una acción llegó al precio más bajo en las últimas 52 semanas, debe ser que los inversionistas están deshaciéndose de ella como puedan y te aseguro que no es buena noticia. Métete en la cabeza que siempre irás con los triunfadores, no con los perdedores.

Vamos a dar marcha atrás y comenzar de nuevo

Busca las siguientes características en tus compañías, usando la sigla "BE A PROFIT".

Beta: Mientras más alto sea el beta, más drásticos serán los altibajos del precio de una acción. El riesgo es mayor, pero también las recompensas. Cuando veas dos buenas candidatas, la que tenga un beta menor no te quitará el sueño, pero no olvides que las ganancias serán menores.

Las ganancias por acción *Earnings Per Share*, no son otra cosa que la ganancia neta. Este es el mejor indicio de la salud de una compañía. Compara el trimestre más reciente con el mismo trimestre del año anterior y repite este por paso dos trimestres más. Compara el EPS anual de tu compañía durante los últimos tres a cinco años. Las ganancias deben estar creciendo a razón de por lo menos un 25%.

Ambiente: La Bolsa debe tener tendencia a subir. Mira las gráficas de los índices del *Dow Industrial Average*, del *Standard & Poor's 500* y del NASDAQ. Todos deben mostrar una línea que sube. Si no van en la misma dirección, guíate por la del S&P 500.

P/E: El *P/E* de una empresa mide lo cara que es su acción cuando se compara con sus ganancias. Busca el P/E y asegúrate de que sea menor que el de la correspondiente industria.

Rendimiento sobre los activos: El *Return on Equity* (ROE) mide cómo los administradores de una compañía manejan el dinero de los inversionistas. Si la corporación está mostrando una gran entrada por cada dólar que se le ha dado, estás apostando a una buena candidata. Estamos buscando 15 por ciento o más.

Rendimento sobresaliente o *Outstanding Performance*: Una acción buena es aquella que esté en demanda y por eso, su precio sube. Estamos buscando una empresa cuyas acciones estén clasificadas por lo menos con 80 en dos áreas: dentro de su industria y, a su vez, su industria dentro de la Bolsa en general. Así, podremos asegurarnos de que es una acción popular en una industria dinámica.

Acciones en circulación o *Float*: Busca compañías que tengan 50 millones o menos de acciones en circulación. Queremos invertir en empresas pequeñas porque crecen mucho más rápido que las grandes.

Inversionistas institucionales o *Institutional inverstors*: Síguele el rastro a los bolsillos más grandes. Busca compañías que tengan inversionistas institucionales, pero al hacerlo, asegúrate de que estas instituciones no posean más de 50 por ciento de las acciones en circulación. Además de fijarte en eso, asegúrate que las instituciones estén comprando más acciones en la compañía.

Precio más alto o *Top dollar*: Escoge compañías que han llegado recientemente a su precio máximo durante las últimas 52 semanas. La historia nos muestra que una vez que una acción alcanza un nuevo récord de alza, subirá a un nivel más alto todavía.

Resumamos

Repasemos "BE A PROFIT" juntas, ¿quieres? Vamos a imaginarnos que has dejado por seis meses esa tacita de café de Starbucks que tanto te gustaba tomar al mediodía para ahorrar un dinerito y poder invertir en la Bolsa. Mientras vacías la lata donde habías guardado el dinero, vas contando los billetes que suman la ansiada cantidad de $500. ¡Llegaste a la meta!

Corres a tu computadora, la enciendes y esperas con ansiedad poder comenzar esa esperada jornada: la de comprar acciones. Sabes que es buena época para invertir, ya que hace tiempo le tenías puesto el ojo a los índices de la Bolsa y todos muestran una línea hacia arriba. Abres el periódico *The Wall Street Journal* otra vez para estar segura.

Una vez hecha la conexión, vas a *www.marketguide.com*, buscas la sección de *hot industries* y marcas el subtítulo en *Sectors*, en búsqueda de la sección más prometedora del momento. Mirando la lista que tienes frente a tí, te preguntas por dónde comenzar. Notas que el sector de servicios parece estar bien, no sólo porque los precios de sus empresas han subido más que los de otros sectores, sino porque sus ganancias y ventas también lucen fuertes. Al oprimir el sector *"Services"*, ves una lista de industrias. Marca la de *"Retail/Apparel"*. Las ganancias e ingresos son robustas, y después de todo, tú eres la mejor consumidora que conoces. Al indagar un poquito más, te fijas en los nombres de las compañías que forman la industria de *"Retail/Apparel"*. Un nombre te brinca en la cara: Bebe Stores, Inc. No solamente sus ganancias son impresionantes, sino que conoces esta tienda personalmente. La has visitado recientemente. Siempre está llena de gente. Al marcar el nombre de BEBE comienzas a leer la descripción de la compañía. BEBE diseña artículos contemporáneos de vestir para la mujer, especialmente la mujer moderna entre las edades de 18 y 35 años. Sus diseños son vistos en programas de televisión como "Ally McBeal" y

"Melrose Place". Luce bien. Vamos a ver qué saca en "BE A PROFIT."
Saca tu diagrama y escribe el nombre de la compañía a la izquierda:

Compañía	B	E	A	P	R	O	F	I	T
BEBE									

Puedes empezar con cualquier letra, pero vamos a buscar las ganancias
primero. En el Internet, en *www.marketguide.com* ves las cifras de EPS, pero
wallstreetcity.com nos las muestra más convenientemente. Aquí ingresa el
símbolo de BEBE, el cual descubriste al leer acerca de la empresa. Escoge
la sección *"Quarterly Earnings"* o ganancias trimestrales. Allí verás en inglés
lo siguiente:

QUARTERLY EARNINGS TABLE—
Last Eight Calendar Quarters

TABLA DE GANANCIAS TRIMESTRALES—
Últimos ocho trimestres

EPS año actual		EPS año pasado		% de cambio	Velocidad
This year's EPS		*Last year's EPS*		*% Change*	*Velocity*
Q1 99	0.21	Q1 98	0.14	50.0%	0.20
Q4 98	0.38	Q4 97	0.23	65.2%	0.43
Q3 98	0.21	Q3 97	0.16	31.2%	0.14
Q2 98	0.20	Q2 97	0.08	150.0%	0.34

El primer trimestre del año 1999 mostró un EPS de 21 centavos mientras que el primer trimestre del 1998 tuvo un EPS de 14 centavos. ¿Cuál
fue el aumento en las ganancias? Mira la columna "% Change". Nos mues-

tra un aumento de 50%. ¡Qué bien! Durante el cuarto trimestre de 1999 y de 1998, vemos un aumento en EPS de 65%. En el tercer trimestre de 1999 y de 1998, el EPS aumentó 31%.

Para conseguir el EPS, regresa a *www.marketguide.com*. Escribe BEBE donde corresponde para pedir información acerca de una compañía. Aparece un resumen de la misma. Del lado izquierdo, marca donde dice "*highlights*". Te enseñará el crecimiento en EPS durante los últimos tres a cinco años. El EPS de BEBE tuvo un aumento promedio de 44.49% por los últimos tres años y 109.71% durante los últimos cinco. Por lo tanto, esta empresa comercial sale bien al cumplir con nuestro requisito de 25%. "E" recibe una marca en nuestro diagrama.

Ahora oprime el enlace o *link* que dice *snapshot*, a la izquierda, para regresar a la descripción de la compañía. Allí verás este interesante informe:

COMPARACIONES Y ESTADÍSTICAS

(del 28 de julio de 1999)

Precio y Volúmen		Comparaciones	
Precio Reciente $	31.75	Precio/Ganancias—últimos 12 meses (udm)	31.85
Precio más alto en 52 semanas $50.00		Precio/Ventas—udm	4.31
Precio más bajo en 52 semanas $10.00		Precio/Valor contable—último trimestre (ut)	11.06
Promedio de volumen diario	0.20	Precio/Flujo de Efectivo—udm	28.60
Beta	NA		

Datos relacionados con accionesDatos por acción			
Capitalización bursátil $	768.26	Ganancias—udm $	1.00
Acciones en circulación	24.20	Ventas $	7.36
Acciones en circulación disponibles	2.40	Valor contable $	2.87
		Flujo de efectivo $	1.11

Fuente: www.marketguide.com
©Market Guide Inc. 2000

Fíjate en el precio de las acciones de la compañía. ¿Cae dentro del 10% del precio más alto durante las últimas 52 semanas? No. Aunque todo lo demás acerca de esta acción nos indique que es la compra apropiada, el hecho de que su precio no coincide con el que buscamos nos indica que no es hora de comprarla. Pon una X bajo la letra "T" de *top dollar*.

"B" es de "beta". Desafortunadamente, la compañía no es lo suficientemente madura para haber recibido un grado de beta. Pero si ves la fluctuación del precio de su acción durante el año anterior, verás que subió de $10 a $50. ¡Eso es un aumento de 500%! Recuerda que beta señala la fluctuación del precio de la acción al compararla con la Bolsa. En el caso de BEBE, beta debe ser alto, pero eso está bien porque queremos arriesgarnos un poco.

Al mirar más abajo en el mismo informe, bajo *"Share Related Items"*, veremos *float*, o número de acciones en circulación. BEBE tiene 2.4 millones de acciones, muy por debajo de nuestro límite de 50 millones. Marca la "F" con una buena nota.

Vamos a ver si podemos descifrar lo siguiente: vamos a buscar cuántas acciones tienen los gerentes y directores de la compañía. De los 24.2 millones de acciones publicadas, restémosles los 2.4 millones en circulación y tenemos 21.8 millones, el número de acciones que se quedan los directores de la empresa. Eso quiere decir que ellos deben cuidar bien su inversión ya que tienen el número más alto de acciones en ella.

Ahora, en el mismo lugar del Internet, marca *"Performance"*. Aquí, encontrarás el comportamiento del precio de la acción y qué cantidad tienen los inversionistas institucionales.

COMPORTAMIENTO DE PRECIO

(del 28 de julio de 1999)

Período	Aumento (%)	vs. S&P 500	Clasificación en la industria	Clasificación de la industria
4 Semanas	17.1	13.5	88	22
13 Semanas	-17.5	-17.5	25	36
26 Semanas	-15.9	-24.1	21	67
52 Semanas	101.6	69.5	(95)	(91)
Desde el Principio del año	-10.2	-18.7	26	85

Inversionistas Institucionales		Transacciones de Iniciado (últimos 6 meses)	
% de Acciones en su posesión	13.88	Canje Neto de Iniciados	-5
Número de instituciones	56	Número de órdenes de compra	0
Total de acciones en su posesión	3.358	Número de órdenes de venta	5
Compras netas (por 3 meses)	0.726	Neto de acciones adquiridas	-0.075
Acciones adquiridas (por 3 meses)	1.921	Número de acciones adquiridas	0.000
Venta de acciones (por 3 meses)	1.195	Número de acciones vendidas	0.075

Nota: La clasificación es un porcentaje del 0 al 99, con el 99 representando la mejor

Fuente: www.marketguide.com/Vickers Institutional Research
©Market Guide Inc. 2000

¿No te luce bien esta compañía? Bajo *"Rank in Industry"*, BEBE nos muestra un 95 durante las últimas 52 semanas. Eso significa que el precio de su acción ha subido más que el 95% de todas las demás empresas en su industria. El *"Industry Rank"* es 91, indicándonos que está en una industria que arde. Ambos números sobrepasan nuestro requisito de un mínimo de 80. Marca bajo la letra "O".

Bajo *"Institutional Ownership,"* vemos que BEBE cuenta con 56 instituciones inversionistas, que en total tienen 13.88% de las acciones en circulación. Eso deja suficiente espacio para más inversionistas institucionales.

Fíjate donde dice "Compras netas (3 meses)". Esa columna muestra un número positivo. Como las cifras están expresadas en millones, la tabla nos indica que el número de acciones compradas fue más grande que el número de acciones vendidas, con un margen de 726,000 acciones. Marca "I".

Finalmente, vamos a la sección de comparación marcando "*Comparison*" en el Internet. Vas a ver varias tablas, pero préstale atención a estas dos:

COMPARACIONES

(del día 28 de julio de 1999)

Comparaciones de valuación	Compañía	Industria	Sector	S&P500
P/G—udm	31.85	32.56	33.34	35.90
P/G más alto—últimos 5 años	NA	50.43	42.12	44.67
P/G más bajo—últimos 5 años	NA	11.86	15.18	14.67
Beta	NA	1.01	0.91	1.00
Precio/Ventas—udm	4.31	2.89	4.69	5.46
Precio/Valor contable—ut	11.06	16.14	6.57	8.96
Precio/Valor real	11.06	17.53	8.48	11.65
Precio/Flujo de efectivo—udm	28.60	23.60	51.20	62.56

Efectividad de Gerencia (%)	Compañía	Industria	Sector	S&P500
Rendimiento al activo—udm	34.88	24.40	5.14	8.91
Rendimiento al activo—Promedio de 5 años	NA	16.40	4.81	8.35
Rendimiento de inversión	47.16	37.45	7.98	14.18
Rendimiento de inversión—Promedio de 5 años	NA	25.09	7.71	13.22
Rendimiento del patrimonio—udm	49.51	53.03	16.02	23.64
Rendimiento del patrimonio—Promedio de 5 años	NA	29.82	14.92	21.80

El P/G de BEBE es 31.85, un número menos que de la industria, que es 32.56 y el del sector que es 33.34. El valor de BEBE se considera bueno en este momento. Pon una marca bajo la "P". Pero antes de que salgas corriendo a comprar esta gran ganga, vamos a escarbar un poquito más para ver si lo que ha mantenido bajo el precio de su acción son malas noticias o si en realidad hemos descubierto una buena compra.

¿Y qué hay del rendimiento sobre activos o ROE? ¿La "R" de nuestro diagrama? El ROE para BEBE es de 49.51, un poquito más bajo que el de la industria pero mucho más alto que el de el sector. Sin embargo, la clasificación que recibe por su ROE es más alta que nuestro requisito de 15. Haz una marca bajo la letra "R".

¿Y ahora?

Llegamos a la conclusión de que BEBE es una posible compra. Aunque no lo creas, hemos aprendido lo que en *Wall Street* se conoce como análisis fundamental. El análisis fundamental evalúa la solidez de una compañía al examinar críticamente como comercia. Este estudio se fija en el negocio en sí sin darle mucho valor a las opiniones de los inversionistas, pero a nosotros sí nos debe importar.

Después de todo, son ellos los que compran y venden. Si yo tengo un buen producto, pero nadie quiere comprarlo, ¿de qué sirve? Por lo tanto, tenemos que averiguar lo que piensan los demás. Eso nos lleva al estudio del análisis técnico. En el capítulo siguiente, te enseñaré como descifrar las gráficas de las acciones para que veas lo que el público piensa de ellas. También veremos los patrones de los diagramas y los que se han repetido a través de la historia. Nuestro propósito es saber cuándo comprar la acción ya que el momento de hacerlo es crítico.

Podríamos escoger una compañía prometedora, pero si no la compramos en el momento preciso, vamos al fracaso. El escoger la acción adecuada es ganar sólo la mitad de la batalla. Comprarla al tiempo justo es lo que eventualmente nos hace ganar la guerra.

CAPÍTULO CINCO

Listas para la zambullida

Sería la venta del siglo. Todo en la tienda estaba rebajado un 70%. Las marcas a la venta de diseñadores tales como Jones New York, Donna Karan, Calvin Klein y Liz Claiborne. Cualquier mujer nadaría en aguas infestadas de tiburones solamente para comprarlas. Pero hay que actuar con rapidez si quieres comprar las mejores gangas. La tienda abrirá en cinco minutos y, afuera, tú y un grupo de compradoras veteranas esperan. Algunas están estirando las piernas, en preparación para tomar la tienda por asalto en cuanto abran las puertas.

Un empleado comienza a quitarle el seguro a la puerta principal, las piernas se te ponen tensas en lo que te preparas para lanzarte hacia ella. Todas las caras a tu alrededor están tensas. Va a ser una competencia brava, pero tú estás preparada para lo que venga. Te acuclillas un poco para tomar impulso y mentalmente te dices tres . . . dos. . . . uno. ¡Corre!

Tu experiencia como consumidora te ha enseñado que el momento preciso es importante al comprar. Después de todo, ¿Por qué pagar $250 por un traje de sastre cuando, una semana más tarde, lo puedes conseguir por $125 en especial? Cuando inviertes, esperar el momento más adecuado es más importante aún. Puede ser que le tengamos echado el ojo a una buena acción, pero no saldremos tan bien con esa compra a no ser que esperemos las señales que nos indicarán el momento preciso de comprarla. En el Capítulo 4, exploramos la doctrina del análisis fundamental, al escudriñar las ganancias de una compañía, su porvenir y el precio de sus acciones. Al usar la sigla en inglés BE A PROFIT, redujimos el número de candidatas.

Sin embargo, eso sólo era la mitad del escenario. Sabemos qué queremos comprar, pero, ¿cuándo? Aquí es donde el análisis técnico entra en acción. Con el análisis técnico, aprenderemos a leer los movimientos pasados y presentes del precio de una acción para determinar la dirección posible de ella. Al determinar la dirección posible de una acción, podremos decidir el mejor momento de comprarla, antes de que se nos vaya fuera del nuestro alcance.

Ahí lo tienes: el análisis fundamental nos dice qué comprar y el análisis técnico nos dice cuándo llegó la hora de zambullirnos.

El análisis técnico comienza con una gráfica de los cambios en el precio de una acción. Déjame mostrarte una:

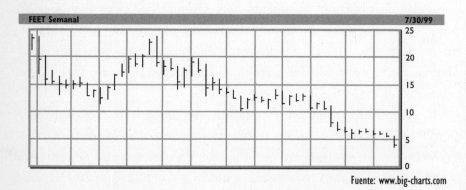

Fuente: www.big-charts.com

La gráfica anterior es de barra, uno de los diferentes tipos de gráficas que existen, como las de línea vela, pero la que más se usa es la de barra. En este capítulo, aprenderemos a leer gráficas de barra.

Una gráfica de acción muestra el precio a medida que cambia durante un período de tiempo, podrían ser días, semanas, meses o años. ¡Hasta existen gráficas que describen cambios en los precios durante un mismo día! Estos se llaman los movimientos interdiarios.

Regresemos a la gráfica anterior. Los zigzags indican el paso de los cambios del precio de la acción. Este precio sube, baja y va de lado. Parece siempre estar apurado por ir hacia algún lugar. Fíjate bien en el rastro que deja y verás que se compone de barritas pequeñas con líneas horizontales que las cruzan. Lucen así:

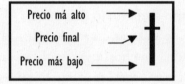

La parte de arriba de la barra es el precio más alto que alcanzó esa acción durante un período de tiempo determinado. La base o parte de abajo de la barra señala el precio más bajo, y la rayita horizontal nos indica el precio de la acción al finalizar ese período. Si usamos una gráfica diaria, la punta de arriba de cada barra representa el precio más alto que tuvo esa acción durante el día y la punta de abajo el más bajo. La línea horizontal nos indica donde se encontraba el precio cuando la campanada de la Bolsa de Valores anunciaba el cierre del día. Si miramos una gráfica semanal, la parte superior indica el precio más alto que alcanzó la acción durante la semana, la base de la barra indica el precio más bajo y la raya horizontal nos mostraría dónde se encontraba el precio de la acción el viernes al cerrar la sesión mercantil por esa semana.

En gran parte de este capítulo, vamos a estudiar las gráficas semanales. Yo las prefiero a otros períodos de tiempo porque nos muestran un mapa del precio de una acción durante un período más largo de tiempo.

Ahora vayamos a la parte inferior de la gráfica de una acción. Ésta va a lucir así:

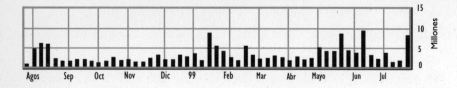

Mira las torres que suben y bajan como las teclas de un piano. Como estamos viendo una gráfica semanal, cada torre representa el volumen de los cambios que ocurrieron durante una semana. El volumen, si recuerdas, el es número de acciones que se han vendido o comprado.

El volumen de una acción le indica a los inversionistas lo popular que fue esa compañía durante un período de tiempo. Al igual que las barras de volumen en tu equipo de estéreo, una barra de volumen larga nos indica que hay mucha agitación, muchos inversionistas están comprando y vendiendo esa acción. Una torre corta muestra lo opuesto, que no hay mucho movimiento de compradores y vendedores. El volumen le da a los inversionistas las indicaciones más importantes para el análisis técnico. Nuestra tarea es descifrar lo que ese volumen nos dice.

Aquí tenemos la mitad superior de una gráfica semanal de la compañía Minimed, empresa en California que fabrica bombas de insulina y accesorios relacionados.

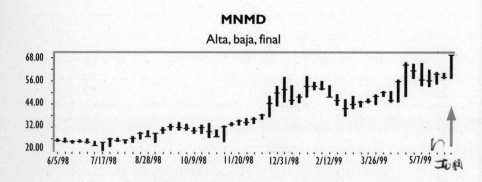

MNMD

Alta, baja, final

El precio de MiniMed cerró con gran estruendo la última semana de esta gráfica. El guión horizontal está encima de la línea vertical, indicándonos que esta empresa terminó la semana de esta con el precio más alto en cinco días, muy buena señal.

Uno, dos y tres, a coro

Vamos a practicar leyendo la gráfica de MiniMed. Comienza con el lado izquierdo de la gráfica. Estos son los precios de su acción. En esta ilustración, los precios han subido de $20 a $68 por acción. Ahora, escoge cualquiera de las barras y fíjate en su precio a la izquierda. Escojamos la que está marcada con flecha. Esta acción se volvió loca esa semana: subió hasta casi $70 y bajó a $56. MiniMed cerró a casi $70 por acción. ¿Cuándo sucedió ésto? Fíjate en las fechas que aparecen en la parte de abajo de la gráfica. Como estamos mirando una gráfica semanal, cada marca representa una semana. Si contamos las semanas, veremos que la barra que está encima de la flecha indica la semana del 4 de junio de 1999.

Vamos a leer una barra más. ¿Qué te parece la cortita que está al lado de la que acabamos de estudiar? Esa representa la semana del 28 de mayo de 1999. Durante esa semana, MiniMed estaba adormecida. No se movió mucho. El precio más bajo de la semana fue alrededor de $56 y el más alto subió a cerca de $59. Si quieres ver los precios exactos y puedes usar el Internet para ello, muchas gráficas te permiten hacer clic en la barra y te dan esa información. Para nuestro propósito, eso no es crítico.

Algunas observaciones

Cuando las barras que forman la gráfica de una compañía son cortas, indican que el precio de esa acción es estable. No oscila desde el fondo de un valle para brincar alocadamente a la cima de una colina, como lo hace una montaña rusa. El beta es moderado o bajo. Tal vez tú preferirías este tipo de empresa si le tienes miedo a la volatilidad.

Sin embargo, a muchas personas les encanta el riesgo. A los finales de los años 90, las acciones de las compañías de Internet eran muy populares entre los inversionistas agresivos por sus cambios drásticos de precios. Era común que una de estas acciones subiera o bajara de precio a razón de $20 cuando su precio era de $150. El apostar en medio de tal volatilidad pudo haber enriquecido o empobrecido a un inversionista de la noche a la mañana.

Cuando el precio de una acción cierra la semana en la mitad superior de la barra, es una buena señal. En el forcejeo entre vendedores y compradores, los compradores vencieron.

Sube el volumen

Ahora, vamos a ver la compañera de la gráfica de acciones: la que nos indica el volumen.

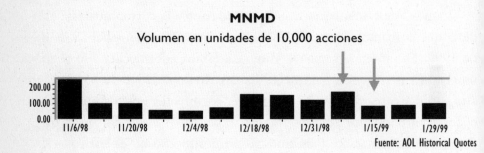

MNMD
Volumen en unidades de 10,000 acciones

Fuente: AOL Historical Quotes

El lado izquierdo de la gráfica de volumen nos indica el número de acciones: "0," "100," y "200." Espérate un momento. ¿Quieres decirme que solamente 100 o 200 acciones cambiaron de manos durante toda esa semana? Ese número parece demasiado pequeño. ¡Buena observación! El título de la gráfica nos da una buena pista de cuántas acciones se intercambiaron. "MNMD", Volumen en 10,000 unidades de acciones". Eso quiere decir que al número de la izquierda le deben seguir cuatro ceros. De manera que 100 en realidad significa 1,000,000 de acciones y que 200 son 2,000,000 de acciones.

Vamos a practicar la lectura de la gráfica de volumen. Durante la semana de enero 1999 —representada por la barra entre el 31 de diciembre de 1998 y el 15 de enero de 1999— cambiaron de manos aproximadamente 1.7 millones acciones de MiniMed. La semana siguiente, el volumen bajó a 822,000 acciones, o sea, la mitad.

Ahora leamos las gráficas de precio y volumen a la misma vez. Juntas, lucirán así:

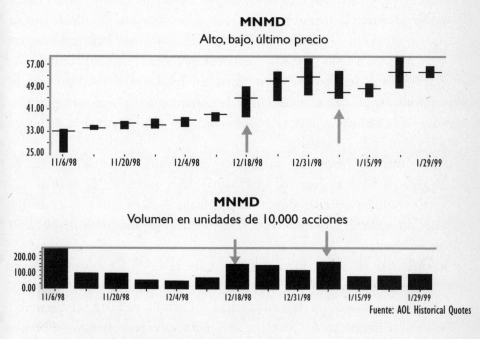

MNMD
Alto, bajo, último precio

MNMD
Volumen en unidades de 10,000 acciones

Fuente: AOL Historical Quotes

La semana del 18 de diciembre de 1998, vemos que el precio de la acción de MiniMed fluctuó alrededor de $37 y $49 por acción. Cerró a casi $45. Al mirar el volumen correspondiente a esá semana, vemos que se intercambiaron más de 1.5 millones de acciones. En contraste, el volumen de esta empresa sólo llegó a 700,000 durante la semana anterior. El precio de las acciones tampoco cambió mucho durante esta semana, cambiando de $36 a $39 antes de cerrar a $38. ¿Y qué pasó con la semana del 7 de enero de 1999? El precio llegó a un máximo de alrededor de $55 y a un mínimo de $45, antes de cerrar a $47. A 1.7 millones de acciones, el volumen también fue alto.

Un volumen alto equivale a gran actividad

Préstale atención a las barras de volumen alto. Tal vez no te guste leer las gráficas, pero ellas nos dan pistas importantes para que podamos hacer buenas inversiones. Un volumen alto, junto a un aumento grande de precio representa un evento significante. Esto nos dice que hay suficiente actividad para nuestra acción y que hay más compradores que vendedores.

Cuando veas mucho volumen, fíjate en las barra de precios que le corresponde arriba. ¿Es el precio final de esa semana más alto que el precio final del de la semana anterior? Si ha habido un cambio notable, éste significa un desarrollo positivo.

En el caso de MiniMed, tal evento ocurrió el 18 de diciembre. El precio cerró a $45 esa semana, mucho más alto que el de la semana anterior. El volumen correspondiente a esa fecha es bien alto —más de 1.5 millones de acciones, comparado con el volumen de alrededor de 700,000 una semana antes—.

Ahora fíjate en la semana del 8 de enero de 1999. El volumen de esa semana fue de 1.7 millones de acciones y el precio de cierre fue $47. Está bien. Pero, cuando nos fijamos en la barra del precio, vamos a recibir malas noticias. El volumen subió, pero los $47 por acción representan un precio más bajo que el de la semana anterior, que fue de $52. Esa es una mala señal porque hubo más vendedores que compradores. Los inversionistas se están deshaciendo de esa acción.

Recuerda que un volumen alto es una señal. Cuando lo acompaña un aumento de precio, los inversionistas están acumulando las acciones. Cuando el precio baja, los inversionistas las están vendiendo lo más rápido possible.

Regresan los gigantes

Cuando el volumen sube rápidamente, se debe a que se están intercambiando muchas acciones. Pero, ¿quién está detrás de tanta actividad?

Los inversionistas pequeños no tienen la capacidad de n
Sí, adivinaste. Los inversionistas institucionales están de r
que ellos compran en grandes cantidades. Si el precio ᴅᴇ ᴜ
con un volumen alto, significa que las instituciones están comprando. Si
el precio baja, están vendiendo.

¿Y qué pasa si el volumen es ligero? ¿Qué está sucediendo? La mayoría
de los grandes compradores se mantienen al márgen de la acción; los pequeños inversionistas son los que están comprando y vendiendo acciones.
Cuando veas el precio de una compañía subir o bajar cuando el volumen
es ligero, significa que las instituciones no están activas. Por lo tanto, no
es tan importante. Es más ventajoso ser testigo de los movimientos de los
grandes jugadores con las acciones.

Comprar o no comprar a Bebe ¿qué hacer?

Ahora que sabes como identificar un aumento significante en el volumen de una acción, ¿qué haces con esta información? La vas a usar para
decidir cuando comprar y venderla.

¿Te acuerdas de las tiendas BEBE que mencioné en el Capítulo 4?
Entonces determinamos que los aspectos fundamentales de la compañía
eran atractivos. Tienen un buen modelo comercial, las ganancias son
buenas y las instituciones han invertido en la compañía. La única pregunta
que queda por contestar es cuándo comprar sus acciones.

Aquí es donde el análisis técnico nos puede ayudar. Primero, vamos a
echarle un vistazo a la gráfica semanal de BEBE.

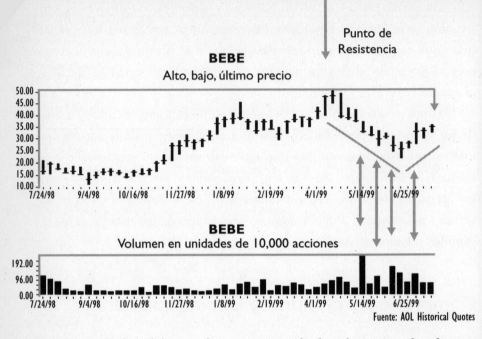

Fuente: AOL Historical Quotes

Desde mediados del mes de mayo a mediados de junio, el volumen subió durante cuatro semanas. Así lo indican las barras señaladas por las flechas. Ya has aprendido que un volumen alto es una señal. ¿Qué nos dice cada barra? La primera semana de volumen alto ocurrió el 14 de mayo de 1999. Al mirar la barra en la gráfica de precios que corresponde a la misma fecha, notarás que el precio de la acción bajó desde la semana anterior. Esa es una mala señal. Para nosotras, no es la hora de comprar. Estamos esperando un día de volumen alto con un aumento de precio.

Algunos inversionistas nos dirán que sí es el momento preciso para comprar las acciones de BEBE en descuento. Si lo hacen, se arrepentirán.

La segunda semana que mostró un volumen fuerte sucedió alrededor del 28 de mayo de 1999. ¿Es hora de comprar BEBE? No, todavía no. El precio fue más bajo que la semana anterior. Lo mismo ocurrió según lo expresa la tercera barra. Para entonces, los compradores de gangas se empezaron a poner nerviosos. ¡BEBE sigue bajando de precio! Los que no puedan resistir esa montaña rusa venderán con pérdidas.

Con la cuarta barra, las cosas empiezan a ponerse interesantes.

El volumen de BEBE aumentó a 1 millón de acciones durante la semana del 2 de julio de 1999, aumento significante de las 800,000 acciones intercambiadas la semana anterior. Esta es una señal alentadora, pero debemos esperar hasta que BEBE caiga dentro del 10 por ciento de su precio más alto durante las últimas 52 semanas (fíjate en la flecha que corre por encima de la gráfica) antes de que compremos su acción.

Para comprender por qué, vamos a meternos dentro de la mente de un inversionista. Llamémosle el tío Luis. En abril, tío Luis ve que la acción de BEBE está subiendo con la misma rapidez que el ruedo de las faldas que vende. Oliendo una ganancia fácil, se apura a comprar acciones sin hacer muchas investigaciones. Compra durante la semana del 15 de abril, cuando la acción llega a la cima de su precio $46 en las últimas 52 semanas. Sin embargo, en vez de acrecentar su fortuna, el precio de BEBE se viene abajo y tío Luis pierde dinero.

Al principio, tío Luis no se preocupa en lo absoluto. Va a subir, se dice sí mismo. Es una buena compañía con ganancias saludables. ¡En unas cuantas semanas más será rico! Así es que se decide a esperar.

Termina el mes de abril. Llega mayo y BEBE sigue bajando. Tío Luis empieza a sudar frío. ¿Qué está pasando? ¡Su puntería le está fallando! Ahora quiere deshacerse de las acciones, pero no concibe incurrir una pérdida. Mientras se frota las manos nerviosamente con indecisión, llega junio. BEBE languidece. A estas alturas, tío Luis se ha dado por vencido con esta acción. No la ha vendido todavía porque no quiere perder dinero, pero se buscará otra compañía que lo haga rico.

Tío Luis es parte de lo que se conoce como el *"overhead supply"*. Éste es el grupo de inversionistas que compró a un precio alto y de pronto vieron con horror que sus acciones bajaron de precio. Típicamente, no se deshacen de las acciones hasta que puedan venderlas por el mismo precio que las compraron. Es por eso que no debieron haber comprado la acción de BEBE durante mayo y junio. El precio no había alcanzado el punto de equilibrio de su *"overhead supply"*. En cuanto el precio de las acciones de BEBE llegue al nivel en que la mayoría de los ansiosos compradores entraron, podría haber un movimiento brusco hacia abajo en lo que estos inversionistas corren a deshacerse de sus acciones con la esperanza de quedar al mismo nivel que antes de invertir. Esto podría evitar que el precio siga subiendo. No es bueno que nos encontremos en medio de esta turbulencia. Sin embargo, si el ímpetu de la subida de BEBE tiene suficiente fuerza, va a continuar subiendo a pesar de que tío Luis y sus acompañantes vendan sus acciones. La hora apropiada para comprar es cuando el volumen sube al mismo tiempo que el precio.

Por lo tanto, la respuesta a nuestra pregunta de "Comprar o no Comprar comprar BEBE" es no. No debemos comprarla todavía. Debemos esperar la oportunidad para una buena compra.

El ojo de águila de Mami

Cuando eras pequeña, ¿te acuerdas lo difícil que era guardar un secreto para que Mami no se enterara? Ni siquiera tu mejor truco, como la tocecita para distraer al dejar caer un pedazo de brúcoli al suelo para el fiel Pericles, confundió a nuestra querida mamá. Sin pestañear, te sirvió otra porción del vegetal en el plato. Hasta el día de hoy, no te puedes imaginar como se las arregla para enterarse de todo lo que tiene que ver contigo. Estás convencida de que ella tiene vista de águila.

Vamos a necesitar esos ojos de águila para la siguiente lección donde aprenderemos a reconocer los patrones que forman las gráficas de las acciones. Aprende a dar un paso atrás y mirar la gráfica completa, como lo harías con una pintura abstracta. Según se marcan los precios en la gráfica, ellos comienzan a formar patrones que han probado ser significativos en el pasado. Los patrones pueden ser avisos del precio futuro de unas acciones. Los buenos inversionistas les prestan mucha atención a estos avisos.

Básicamente, las acciones pasan por tres fases: alzas, bajas y movimiento laterales sin ninguna dirección en particular.

Es fácil determinar qué tendencia tiene una acción en cualquier momento sí trazas una línea conectando los puntos de su trajectoria. Puedes unir los precios más altos y los más bajos de esta manera:

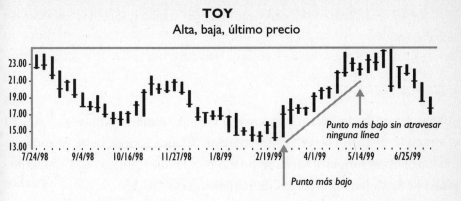

TOY
Alta, baja, último precio

Puede ser que te venga la musa y te consideres el equivalente femenino del próximo Picasso, puedes crear verdaderas obras de arte y tal vez formar pequeñas pirámides. Siento destrozar tus aspiraciones artísticas, pero te suplico que resistas esa tentación. Mientras más compliques las líneas, menos te van a servir para identificar la tendencia de la acción. Recuerda que vamos a tomar decisiones muy importantes basadas en las líneas que vas a trazar.

Nuestro fin es el de identificar el rumbo actual de una acción y estar al tanto del instante preciso en que cambie su trayectoria. Cuando el rumbo es hacia arriba, la línea de trayectoria irá hacia arriba. Pero esta línea se puede interrumpir si el precio de la acción bajara precipitadamente. Cuando va rumbo hacia abajo, la trayectoria de la línea se puede interrumpir si el precio de la acción sube de pronto. En ambos casos, cuando se rompe la línea de trayectoria significa que el precio de la acción ha cambiado. Nosotras, como inversionistas, podemos aprovecharnos de esta información. Cuando veamos que una acción tiene un rumbo o trayectoria ascendente, podemos comprarla y seguir subiendo con ella. Una vez que se interrumpa la línea puede que sea la hora de venderla. Paralelamente, vamos a observar una acción que va rumbo contrario. Una vez que se interrumpa la línea descendiente, sabremos que la marea está cambiando. Podremos comprar esa acción y emprender nuevo viaje hacia arriba con ella.

Invierte en las líneas que son tus aliadas. Al usarlas correctamente, podrás basar tus decisiones para inverstir en la lógica y no en las emociones.

Vamos a examinar más detalladamente las tendencias de los precios de las acciones.

La fase ascendente

Para trazar las líneas de la tendencia durante esta fase, conecta el punto del precio más bajo con el punto anterior del precio más bajo. Asegúrate de no atravieses ninguna barra de precio con la línea. Fíjate en la siguiente gráfica de la cadena de tiendas de juguetes Toys 'R' Us:

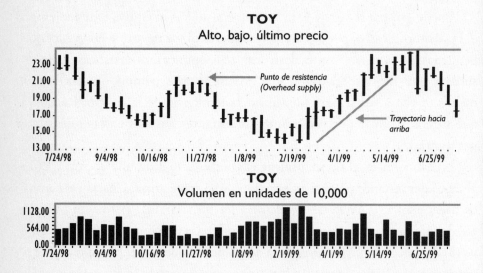

La línea de tendencia ascendente indica que la acción no puede pasar del precio más bajo de la acción, por el momento. Cuando la línea llega a ese punto también se le conoce como "línea de apoyo". Mira de nuevo la gráfica de Toys 'R' Us.

Mientras más pronto identifiques una línea con tendencia ascendente, más durará tu viaje. Esta fase en la trayectoria de una acción se llama la fase de crecimiento, pero no ofrece garantía alguna. Estas líneas se pueden interrumpir en cualquier momento y sin aviso.

Fase descendiente

Al trazar una línea en la fase descendiente, busca el punto más alto cuando empieza a bajar y traza una línea conectándolo con el punto anterior al punto más alto, sin atravesar ninguna barra de precio. Debe lucir así:

TOY
Alto, bajo, último precio

Por ahora, se acabó la fiesta. La fase de crecimiento ha terminado y el precio de la acción bajará. No te alarmes, es normal en una acción. A diferencia de las líneas de tendencia crecientes, las líneas descendentes están definidas por las líneas descendientes que se trazan entre dos o más cimas. El precio de la acción parece no poder atravesar esta línea, y cada vez que intentan cruzarla, los compradores hacen que el precio suba. Entonces, los vendedores hacen que el precio baje. A esta línea se le conoce como "línea de resistencia".

Aquí veremos un ejemplo de nuestra cadena, Toys 'R' Us, durante una fase descendiente:

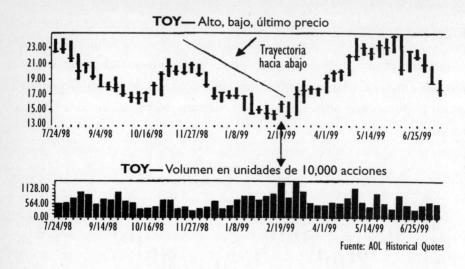

Fuente: AOL Historical Quotes

Cuando veas un descenso, extiende la línea un poquito más para ver donde se rompe la trayectoria. Ten paciencia. Según el precio cruza de resistencia, busca un aumento en el volumen. Esto puede resultar en el comienzo de una subida.

No compres una acción que esté en esta fase descendiente. Espera a que deje de bajar. Una vez que cambie su curso, cómprala cuando duplique el volumen promedio de 30 días y el precio suba, por lo menos, 1% o más. El volumen promedio de 30 días se encuentra en las tablas bursátiles de las publicaciones financieras. Esto fue lo que le ocurrió a Toys 'R' Us durante la semana del 19 de febrero de 1999.

Fase llana

Durante esta fase, el precio de la acción salta de arriba abajo con una fluctuación de precio muy reducida. No hay montañas ni valles. Solamente un llano que abarca por lo menos siete semanas. Pero antes de que te me duermas, toma nota de que hasta un llano como este pudiera resultar provechoso. Estáte pendiente de un cambio brusco hacia arriba. Esto ocurre cuando el precio de la acción da señales de vida y se dispara hacia arriba. Ha triunfado en contra de la aburrida fase llana en que se hallaba. Algo está sucediendo en la compañía para que los inversionistas hagan subir el precio tan drásticamente. Mientras más dure la fase llana, más significante será el cambio. Usualmente esto ocurre acompañado de un aumento en volumen, pero debe ser por lo menos el doble del promedio de volumen de 30 días y que el precio suba por lo menos un 1% sobre precio del día anterior. Si el volumen y el cambio de precio acompañan la ruptura del patrón, ¡compra! No te preocupes si no reconociste el momento justo en que esto sucedió y han pasado unos días. Si la señal es verdadera, el precio de la acción seguirá subiendo.

Miremos un ejemplo de un patrón llano que se convirtió en un dulce para aquellos que estaban al tanto de las fluctuaciones de una acción.

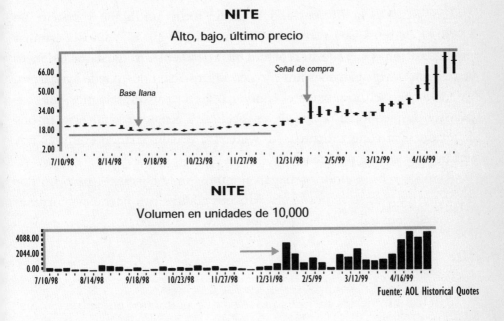

Fuente: AOL Historical Quotes

La Bolsa reina

Es importante que tratemos la Bolsa con mucho respeto. Ella siempre tiene la razón. Por lo tanto, no vendas una acción en medio de una fase de ascenso, porque su precio seguirá aumentando, y no compres en medio de una trayectoria descendiente porque seguirá cayéndose. Mejor sería que esperaras a ver las señales de que el curso del precio de la acción está cambiando. Ello significa que nunca debes vender una acción cuando esté en la cima ni de comprar cuando toque fondo. Nadie puede hacer predicciones tan exactas, pero siempre y cuando identifiques las tendencias de una acción a tiempo, al fin de la jornada resultarás ganadora.

Patrones que siguen las acciones

Hemos cubierto las tres fases básicas de una acción. Ahora llegó el momento de buscar los patrones que muestran las gráficas a través del tiempo. ¿Cuál es la diferencia? Un patrón forma un dibujo abstracto, no una línea de tendencia recta hacia arriba o hacia abajo. Vamos a estudiar algunos patrones que se han repetido históricamente. Al igual que las líneas de tendencias, los patrones nos ofrecen información que puede ayudarnos. Una vez que identifiquemos el comienzo de un patrón, sabemos que, basados en lo pasado, el precio de esa acción va a tender a moverse en una dirección. Ese conocimiento nos ayudará a decidir cuándo comprar una acción para sacarle provecho.

Algunos de los modelos tienen nombres muy chistosos, pero no por eso menosprecies su importancia. Muchos adultos han hecho sus fortunas con "tazas con asa" y "fondos dobles".

Taza con asa

Este es uno de los mejores modelos que podremos encontrar en una gráfica. Tazas con asa se encuentran al principio de un cambio en la Bolsa, casi siempre después de haber pasado por una dolorosa corrección o baja en la Bolsa. No esperes encontrar muchos patrones de tazas con asa durante el transcurso o al final de un avance del mercado.

He aquí la gráfica semanal de la empresa Associated Group, Inc., compañía que provee servicios de comunicación inalámbricos en Pittsburg.

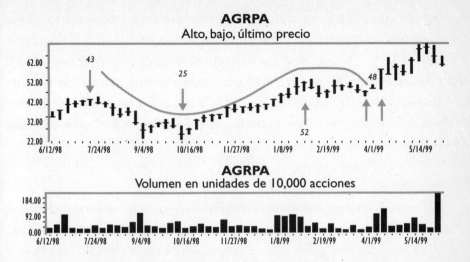

AGRPA
Alto, bajo, último precio

AGRPA
Volumen en unidades de 10,000 acciones

Fíjate cómo los movimientos del precio de la acción forman el fondo redondeado de la taza y la media luna del asa. Va a ser más fácil visualizar el patrón si te enfocas en la forma como un todo y no en los cambios semanales. Cuando veas una taza con asa, debes entusiasmarte. Pero, ¿a qué precio debes comprar? Vamos a examinar la taza con más detalle.

Del lado izquierdo superior de la taza, la acción cerró la semana con un precio alrededor de $43. Unos meses más tarde, el precio siguió bajando hasta que llegó al fondo de la taza a $25. El volumen debe disminuir durante este período. Desde el borde hasta el fondo de la taza podría haber una diferencia en precio de hasta 33 por ciento. Cuando veas que se ha formado la mitad de la taza, no es hora de comprar todavía porque no sabes qué trayectoria seguirá su precio. ¿Qué pasa si no llega a formar una taza después de todo?

Mira a la derecha de la taza. El precio de la acción sube lentamente desde en el fondo en el transcurso de unos meses para completar su redondez en "U". ¿Por qué se recupera el precio de la acción? Cuando llegó a $25, los inversionistas que olieron una ganga le saltaron encima. Mientras más de ellos compraron las acción más subió de precio. Para AGRPA, el precio subio hasta $52. La formación de una taza puede demorar entre tres y seis meses.

Vamos al asa. Después que la acción llegó a $49, y bajó a $46. ¿Qué pasa? Los que compraron cuando el precio estaba en la punta izquierda de la taza —a $43— se pusieron muy nerviosos cuando el precio bajó a $25. Pero fue cuando se recupero a $49 que comenzaron a vender. Se conformaron con ver sus pérdidas recuperadas y no van a jugárselas de nuevo. En lo que se deshacen de sus acciones, el precio bajó a $46. ¿Te acuerdas de tío Luis y el *"overhead supply?"*

Están esperando recuperar su dinero, sin ganancias o pérdidas, para salirse todavía.

Por eso es que no queremos comprar áun cuando se forme el borde derecho de la taza. *"Overhead supply"* está presente. Si hubieras comprado a $49, tú tendrías que sufrir con el descenso del precio del asa —$46— y hubieras tenido que vender siguiendo las reglas de venta, tema que discutiremos luego. No te arriesgues todavía. Ahora, fíjate en las barras de volumen. Éstas están empequeñeciendo, lo que significa que las compras y ventas se están acabando. El *"overhead supply"* está desapareciendo. Esta es una buena señal.

Hay unas pocas reglas a seguir para entender el asa:

1. Debe demorar más de una a dos semanas en formarse. Las asas mejores tardan de 5 a 7 semanas en formarse.

2. El asa debe dirigirse hacia abajo (⌒◟) no hacia arriba (◞⌒).

3. El asa debe caer en la mitad superior de la taza. Así:

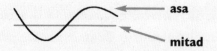

Cuando el precio de la acción suba y forme la segunda mitad del asa, llegará a $48 y entonces saltará a $58 a la vez que el volumen, como dos meteoros. Esta acción ahora tiene la libertad de no tener *"overhead supply"*; sin ningún contratiempo, se dispara hacia arriba.

Es hora de cambiar nuestro estudio semanal por el de la gráfica diaria. Si no tienes acceso a gráficas diarias en el Internet, empieza a buscar en el periódico todos los días y toma nota de los cambios de precio y volumen. Hemos visto el de un patrón en surgimiento. Ahora estamos esperando a que nos dé la señal de comprar. Recuerda, lo que estamos buscando es que el último precio del día suba más de un 1 por ciento comparado al precio del día anterior y que el volumen sea el doble de su promedio de 30 días. Ése es el momento de comprar.

Si ves que el volumen sube pero no el precio, no te muevas. ¡El precio de esta acción puede encaminarse por mal camino!

En Associated Group, la señal de comprar ocurrió al llegar a $48.48. ¿Cómo lo sabemos? Mira el último precio del día anterior. Es $48. El salto de $48 a $58 fue de más de 1%. Si te fijas en el volumen, verás que subió a más de un millón de acciones, más del doble de su volumen promedio de 30 días. (Los informes de *Standard & Poor* e Internet ofrecen esta información).

Te voy a mostrar cómo determinar el 1 por ciento del precio de una acción:

Paso 1: Toma el precio actual y divídelo entre 100 (mueve el punto decimal dos lugares hacia la izquierda).

Paso 2: Suma la cantidad obtenida en el paso anterior al precio actual de la acción.

En nuestro ejemplo, el precio actual era de $48 y 1 por ciento de ese número sería $0.48. Suma los dos números y obtendrás el resultado de $48.48. El precio de la acción tiene que subir a más de $48.48 para que se cumpla la regla del 1%. ¿Fue así lo que sucedió con Associated Group? Por supuesto que sí.

Para comprobar si el volumen aumentó 100 por ciento —se duplicó— multiplica su volumen promedio por 2. Compara el volumen actual con esa cantidad. El volumen reciente tiene que ser mayor. Para Associated

Group, el volumen promedio durante los últimos 30 días fue de 165,000 acciones. Esta compañía también cumple con nuestra regla de volumen. Su volumen promedio más reciente fue de 1,086,700 acciones, definitivamente más alto que su promedio de 30 días que fue de 165,000 acciones.

Aviso importante: Trata de comprar la acción cuando ésta esté lo más cerca posible del punto de compra. Si la compras a un precio mucho más alto que éste podrías encontrarte en medio de una baja.

Vamos a repasar. Cuando veas un patrón de taza con asa, espera a que se forme la figura completa antes de comprar. La taza puede demorar de tres a seis meses en completarse y el asa debe demorarse por lo menos de 5 a 7 semanas. Algunas veces, el dibujo de la taza se ve más llano, pareciéndose más a un plato hondo que a una taza. Los analistas técnicos le llaman a este patrón "platillo con asa", pero no es más que el mismo perro con distinto collar. Asegúrate de que el asa apunte hacia abajo y que se forme en la parte de arriba de la taza. Cuando el asa tenga seis semanas mira la gráfica diaria para que estés lista para comprar en cuanto recibas la señal. Espera a que veas un aumento de precio de por lo menos 1 por ciento y 100 por ciento de aumento en el volumen comparado al promedio de los últimos 30 días.

¡Cuando tu acción satisfaga estas reglas, deja de hacer lo que estés haciendo, saca el martillo, rompe la alcancía y llama a tu corredor de bolsa!

Esto fue lo que pasó después de la señal de compra de AGRPA:

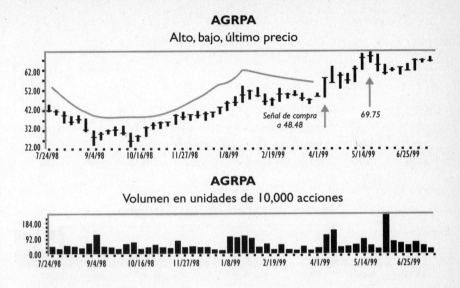

AGRPA
Alto, bajo, último precio

AGRPA
Volumen en unidades de 10,000 acciones

Associated Group subió hasta $69.75 antes de retroceder en su trayectoria, ¡tuvo un aumento de precio de casi 44% en sólo seis semanas!

Para que aprendas a reconocer el patrón de la taza con asa, aquí tienes varios ejemplos:

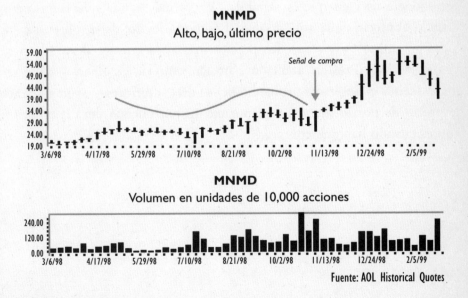

MNMD
Alto, bajo, último precio

MNMD
Volumen en unidades de 10,000 acciones

Fuente: AOL Historical Quotes

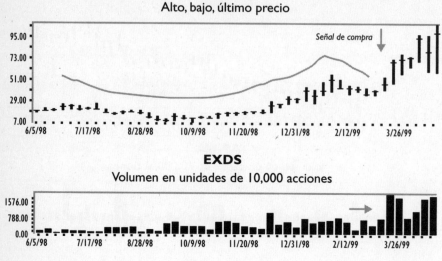

Fondo doble

Parece una "W", dos "V", o una montaña rusa. No importa como la describas, el término técnico es *"double bottom"* o fondo doble. La clave de este modelo está en que la segunda "V" es más aguda que la primera. Cuando el precio de la acción sale del segundo fondo, debe sobrepasar las cimas de ambas "V", o sea, los precios más altos que ha alcanzado para formar la "W". Préstale atención a un aumento de volumen —debe ser por lo menos el doble del promedio de los días anteriores— y un aumento de precio de por lo menos un 1 por ciento por encima del día anterior. ¡Ahí es cuando hay que comprar!

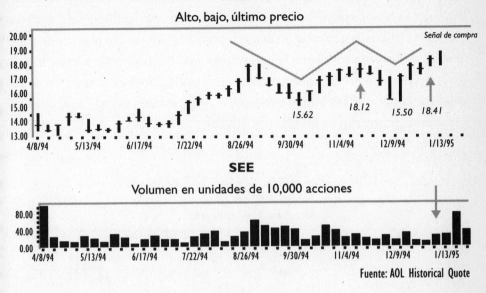

Fuente: AOL Historical Quote

Por ejemplo, fíjate en el diagrama de Sealed Air Corp. (SEE), compañía fabricante de envases y materiales para el embalaje en Saddle Brook, New Jersey ¿Ves las dos "V"? El fondo de la primera "V" bajó a un precio de cierre de $15.62. El de la segunda bajó a $15.50. Este segundo bajón fue más profundo que el primero, saludable señal para un fondo doble. Ahora, fíjate en la derecha superior de la segunda "V". ¿Ha subido más que el punto de donde se unen las "Vs" para formar la "W"? Sí. Ponte en alerta para detectar el cambio de volumen y precio según la regla. El día 6 de enero de 1995, el precio subió a $18.41 de $17.74 el del cierre del día anterior, a la vez que hubo un aumento de volumen, mayor que el doble del volumen promedio de los últimos 30 días. El punto de compra estuvo en el punto donde el precio sobrepasó el precio más alto de la punta derecha de la primera "V", o en $18.12.

Un patrón de fondo doble te puede causar dolores de cabeza. Cuando piensas que has perdido tu inversión al tocar el fondo de la primera "V", las cosas se arreglan y vuelve la esperanza. Piensas que la marea ha cambiado y vas corriendo hacia arriba, sólo para recibir otra decepción que te pone los nervios de punta cuando tu inversión baja, esta vez con más ímpetu que la primera.

¿Cómo puedes confiar en que la próxima vez que suba lo hará más alto? Confiando en la historia. Este patrón es uno de los más predecibles. Sólo tenemos que ser disciplinadas, prestar atención y esperar al momento preciso de comprar. El momento vendrá con la segunda subida, al terminar de formar la letra "W" y cuando el precio sobrepase el precio en la mitad de la letra en su camino hacia arriba. El volumen tiene que confirmar que vamos bien al duplicar el volumen promedio de los últimos 30 días.

Aquí tienes más ejemplos de patrones con fondo doble:

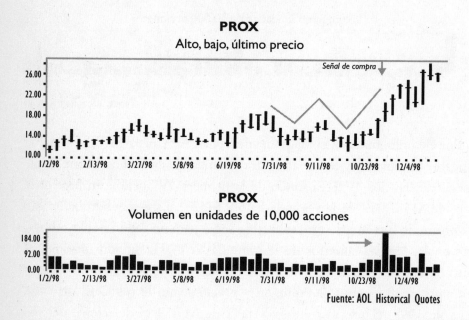

Fuente: AOL Historical Quotes

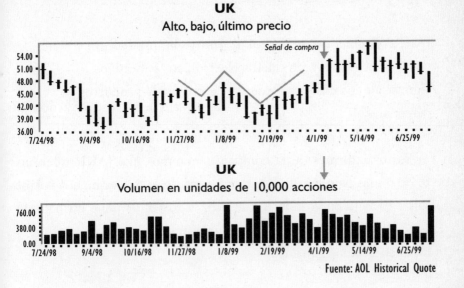

UK
Alto, bajo, último precio

Señal de compra

UK
Volumen en unidades de 10,000 acciones

Fuente: AOL Historical Quote

¡Cuán sencilla sería nuestra vida si cada gráfica del precio de una acción que miráramos formara uno de los patrones que hemos discutido aquí! Desafortunadamente, ese no es el caso. A menudo, muchas gráficas demuestran un comportamiento de precio errático, llamado *"wide and loose"*. Aléjate de este tipo de diagrama. Cuando te familiarices con los patrones que se forman con el comportamiento de las acciones, vas a poder identificar otros, no tan importantes, pero que te ayudarán escoger mejor. Mientras tanto, usa las líneas de tendencia y los patrones que aprendiste como guías.

Sesión de práctica

Vamos a combinar los análisis fundamentales y técnicos para determinar si una pista que nos han dado de la compañía JAKKS Pacific vale la pena.

Lo primero que debemos hacer es ir a *www.marketguide.com* para leer algo acerca de nuestra candidata.

Aquí está lo que encontramos allí:

JAKKS Pacific, Inc se dedica al desarrollo, producción y
venta de juguetes y productos electrónicos para niños,
algunos de los cuales se basan en licencias de productos y
personajes".

Al ver varios informes de la compañía, notamos que JAKK tiene un
beta de 0.49, o más bajo que 1. Eso que quiere decir que es menos volátil
que la Bolsa. El beta de la industria es 1.02 y su sector tiene un beta de
0.94. La "B" en "BE A PROFIT" recibe una marca.

Ahora, analizaremos ganancias.

GANACIAS POR ACCIÓN

Trimestres	1996	1997	1998
Marzo	0.010	0.050	0.080
Junio	0.060	0.100	0.140
Septiembre	0.150	0.290	0.450
Diciembre	0.080	0.110	
Total	**0.300**	**0.550**	

Nota: Unidades en dólares

Comenzando con el último informe trimestral, vemos que JAKK tuvo
un EPS de 45 centavos en el trimestre que acabó en septiembre. Al comparar este número con el mismo trimestre del año anterior, con un EPS
de 29 centavos, calculamos que las ganancias netas por acción de JAKK

aumentaron 55 por ciento. ¡Muy bien! Al buscar dos trimestres hacia atrás, descubrimos que la compañía aumentó sus ganancias 40 por ciento. En términos de su EPS anual, JAKK nos parece bien también. Sus ganancias aumentaron 86 y 68 por ciento durante los últimos tres años. Por lo tanto, E de "*Earnings*" recibe una marca.

¿Y cómo estaba el ambiente de la Bolsa en ese momento? Al fijarnos en los diagramas de Dow, S&P 500 y NASDAQ, vemos que la Bolsa tiene rumbo ascendente. Eso significa que el momento es propicio para invertir, así es que hagamos también una marca bajo la letra "A".

La siguiente letra que hay que considerar es la "P" referente al P/E o P/G de la empresa. JAKK tiene un P/E de 25.89, más bajo que el de su industria, que es de 50.74 y que el del S&P 500, que es de 35.90. En ese momento, esta compañía parece ofrecer un buen valor en comparación a su industria. "P" también recibe una marca.

¿Cómo está manejando la administración el dinero que le han confiado los inversionistas? En JAKK, el ROE es de 21.63, muy por encima de nuestra norma mínima de 15. "R" recibe una marca.

Para calificar el comportamiento del precio de esta empresa, tenemos que mirar la clasificación o categoría en que se encuentra. Durante las últimas 52 semanas, JAKK recibió un 93. Haz una marca bajo la letra "O".

Llegamos a la letra "F" de nuestra fórmula BE A PROFIT, la que se refiere a *float*, o número de acciones en circulación. JAKK tiene 5.5 millones y esto satisface nuestros requisitos. Hasta ahora, esta compañía nos parece bien.

¿Y qué hay de los inversionistas institucionales? En el informe vemos que 37.46 por ciento de las acciones en circulación pertenecen a estos compradores grandes. También vemos que se han comprado 60,000 acciones netas en el último trimestre. Estos grandes devoradores de acciones han descubierto esta compañía pero todavía hay espacio para que entren más. Una buena señal. Marca la "I".

Finalmente, llegamos a la "T", la que se refiere al precio mayor. El precio más alto que tuvo JAKK en las últimas 52 semanas fue 13 7/16 el 28 de julio de 1998. Cuando hicimos nuestra investigación de JAKK, el

precio de su acción era $9.93. No es el momento preciso de comprarla.
Una acción tiene que llegar a un precio dentro del 10 por ciento de su
precio más alto en las últimas 52 semanas, $12.09 o más en este caso, para
que la consideremos como una buena compra.

Con gran curiosidad por ver qué estaba haciendo el precio de esta
compañía recientemente, nos dirigimos a la gráfica de precios de la misma.
Queríamos ver si se esta formando un patrón. He aquí lo que encontramos:

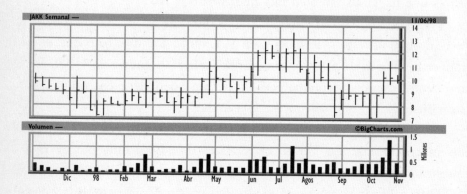

JAKKS Pacific dio una buena zambullida desde julio hasta octubre, al
igual que la Bolsa durante ese mismo período de tiempo. Pero mira, a fines
de octubre, hay dos barras de volumen altas, la actividad en esta compañía
ha aumentado substancialmente y el precio de su acción subió. Comenzó
una nueva etapa. Debemos esperar hasta que el precio de la acción llegue
a $12.09, nuestro precio de compra. Cuando esto suceda, compraremos.
Mientras tanto, sólo conformémonos con observar.

Le llevó a JAKK hasta el 7 de enero de 1999 para alcanzar el precio
de compra.

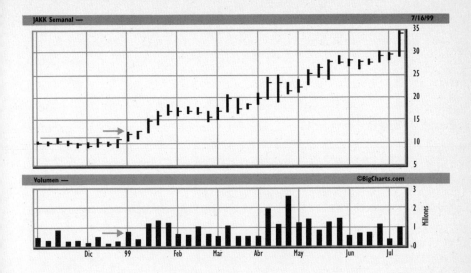

Fíjate que el precio de la acción estaba en la fase llana hasta que cambió y tomó una trayectoria ascendiente. A fines de junio de 1999, una acción de JAKKS Pacific costaba $29. ¡Eso es un aumento de más de 100 por ciento en sólo ocho meses! ¿Ves los beneficios de hacer la tarea? Cada acción que estudiemos no nos va a dar ese buen resultado que dio JAKK, pero con esfuerzo y disciplina, aumentarás las posibilidades de descubrir las estrellas más brillantes. Mis queridas compañeras, ¡nos vamos de cacería!

La sicología de la Bolsa de Valores

¿Recuerdas cuando las muñecas Beanie Babies estaban en todas partes? Las tiendas de los centros comerciales las vendían. La tiendita del barrio las tenía. Las revistas tenían artículos acerca de estas muñequitas. Se conseguían hasta por el Internet. Al principio, estos animalitos nos parecían graciosos por sus caritas arrugadas. Pero al pasar el tiempo, nos aburrimos de ellos porque estaban en todas partes. Todos los niños, incluso el tuyo, tenía uno.

Ese fue el indicio de que la furia de las muñecas Beanie Babies estaba en decadencia. Cuando las tiendas se abastecieron de ellas hasta el techo, los niños ya les habían perdido el interés. No se puede culpar a los comerciantes por llegar tarde. Ellos tienen que esperar a que los fabricantes les envíen los juguetes. Cuando, por fin, llega la mercancía, es lamentablemente muy tarde. Como consumidora es fácil saber cuándo una moda está desvaneciéndose; cuando todas las tiendas tienen el artículo en grandes cantidades.

Ésta es una lección para los inversionistas. Cuando todo el mundo se cree que la Bolsa es invencible, es cuando se acerca el fin. Por el contrario, cuando se piensa que la Bolsa nunca va a mejorar, las cosas cambian y mejora el ambiente para las inversiones. Después de todo, es importante poder descifrar la buena salud de la Bolsa. No importa lo fuerte y saludable que sea tu compañía, el ambiente de la Bolsa en general puede inclinar la balanza hacia el éxito o hacia el fracaso. Cuando la Bolsa no se siente bien, su trayectoria es descendiente, 75 por ciento de las acciones bajarán, aún cuando sus elementos fundamentales sean buenos. Si la Bolsa sube, las compañías bien escogidas tendrán una mejor oportunidad de sobresalir.

La Bolsa pasa por dos ciclos: El del "toro", o mercado alcista *bull market* en inglés y el del "oso", o mercado bajista *bear market* como se conoce en inglés. Cuando la Bolsa se encuentra en el ciclo de toro, los precios de las acciones se estabilizan en una trayectoria ascendente. En ese caso, la Bolsa sube y baja diariamente, pero a la larga, su dirección sigue hacia arriba. Por lo regular, esta situación dura unos dos años, pero puede durar más. Cuando la Bolsa se encuentra en el ciclo del oso, está ocurriendo lo opuesto, los precios de las acciones bajan contínuamente. Los peores períodos del oso que hemos tenido en la historia reciente fueron en los años 1973 y 1974. Las acciones, según los índices del S&P 500, perdieron más de la mitad de su valor. La inflación también estaba por el cielo, lo que empeoró la pérdida en términos del poder adquisitivo del dinero.

La mayoría de los economistas coinciden en que estamos en un ciclo de oso o *"bear market"*, si el descenso de los precios es de 15 por ciento desde la cima de un índice y dura por lo menos tres meses. Afortunadamente, los ciclos de oso no tienden a permanecer por mucho tiempo. Su promedio de estabilidad es de nueve meses.

Las Bolsas en ciclos de toro u oso son entonces períodos de tiempo en los cuales los precios de las acciones siguen una trayectoria hacia arriba o hacia abajo respectivamente. Sin embargo, en medio de estas trayectorias, es muy común que ocurran períodos donde los precios bajan inesperadamente. A éstas se les llama correcciones o *"corrections"* y caídas o *"crashes"*.

Se dice que hay una corrección en la Bolsa cuando hay un cambio brusco hacia abajo, que puede ser de 10 a 15 por ciento y puede durar desde unos días hasta unos meses. Tuvimos una corrección en el mes de octubre de

1997, cuando el índice del S&P 500 perdió casi 10 por ciento de su valor en el transcurso de una semana. Entonces, ¿qué es una caída? Hagámonos la idea de que si una corrección es equivalente a un mal día, una caída equivale a un día horripilante. El 19 de octubre de 1997, el índice de *Dow Jones Industrial* bajó 22.6%. A pesar de que esta estrepitosa caída ocurriera en un sólo día, una situación similar puede durar días y hasta meses.

Cuando ocurre una corrección o una caída no se debe suponer que automáticamente nos dirijamos a un *"bear market"*, aunque sí puede suceder.

Cuando invertir

Cuando hablamos del dibujo de los círculos en el Capítulo 3, ¿te acuerdas que te advertí que era importante evaluar el espíritu de la Bolsa antes de invertir? Es mejor si invertimos en acciones durante una Bolsa en ciclo de toro, no de oso, por eso es que los indicadores principales tienen que apuntar hacia arriba. Pero hay algo más que debemos aprender en lo que se refiere a la Bolsa.

Al igual que los precios y el volumen de las acciones individuales, el nivel de precio y el volumen de la Bolsa en general nos dan también señales importantes de cuando comprar y cuando vender.

La mejor oportunidad de comprar es cuando la Bolsa toca fondo y comienza a subir nuevamente. Pero, ¿cómo sabemos que ha llegado al fondo? Vamos a visitar de nuevo a nuestra amiga, la línea de la tendencia.

Estas líneas pueden aplicarse a la Bolsa en general tanto como a las compañías individuales. Se aplican las mismas reglas a la Bolsa que a las acciones. Traza una línea, siguiendo la corriente del índice de la Bolsa. Cuando el índice cruce la línea en un punto de volumen alto, prepárate para un cambio de rumbo.

Otra pista que indica un cambio venidero en la Bolsa es el comportamiento de las acciones que posees. ¿Por qué? Porque la Bolsa está compuesta de acciones como las tuyas. Antes de que notes un movimiento en masa en la Bolsa, vas a ver pequeños cambios en las acciones individuales. Los primeros cañonazos de la Bolsa se sienten en las primeras líneas de batalla, tus inversiones.

¿Cómo van tus inversiones? ¿Han subido de precio hoy tus acciones? ¿Se mantienen al nivel de la línea de tendencia que has trazado? Si has invertido en compañías pequeñas o medianas, tienes más probabilidades de que los primeros síntomas se sientan allí. Los inversionistas que se están poniendo nerviosos con una Bolsa débil venderán las acciones de las compañías más pequeñas primero y las de las más grandes después. Las compañías chicas tienden a ser menos estables y, por lo tanto, ellos se deshacen de ellas antes que de las demás. Éstas son las compañías en que invertiremos nosotras; recuerda que escogimos corporaciones que tuvieran un número de acciones en circulación de 50 millones o menos.

Cuando la línea de tendencia ascendente se rompe, fíjate en el volumen. Si la actividad del número de acciones es significantemente mayor que lo normal, ¡mejor es que te prepares a vender!

Cuando hayas vendido la mayoría de tus inversiones, no te mortifiques al ver que los índices de la Bolsa en general siguen su curso hacia arriba y tal vez lleguen a la cima de sus precios. Así sucede muy a menudo. Te sentirás incómoda de vender una acción cuando estás oyendo constantemente en la radio y la televisión que la Bolsa está entrando a nuevas alturas. Sin embargo, ten presente que las cimas de los índices de la Bolsa pasan desapercibidos para la mayoría de los inversionistas. Tú estás saliendo antes de que las cosas se pongan bien malas.

Si quieres una segunda o tercera confirmación de cómo se siente la Bolsa, aquí tienes como hacerlo.

La mecánica contra la sicología

Hay dos clases de instrumentos que nos ayudan a determinar la dirección de la Bolsa en general: el mecánico, que sirve para analizar las gráficas de los índices, y el sicológico, que nos da una idea de cómo se siente la mu-

chedumbre. Si tienes que escoger entre estos dos instrumentos, el mecánico es muy efectivo, pero el sicológico es tan buen indicador como el
primero, si no mejor. Barron's, publicación financiera que circula en todo
el país nos ofrere esa información.

Movilizándonos . . . hacia el promedio móvil

En la caja de herramientas mecánicas, encontraremos una de las más
populares: la del promedio móvil.

Un promedio móvil está representado por una línea que va a menudo
en la gráfica del precio de las acciones de una compañía.

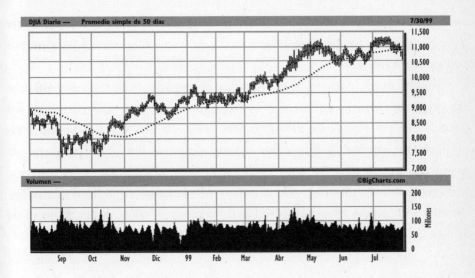

Los promedios móviles, o "*moving averages*", vienen en distintas versiones, pero vamos a estudiar la versión más popular: el promedio simple
o aritmético, o "*simple or arithmetic moving average*". Este promedio puede
abarcar desde un período de tiempo pequeño, digamos cinco días, hasta
uno de 200. Uno de los promedios móviles más usados es el de 50 días.
Para calcularlo, vamos a sumar el precio en que cerró una acción (ya sea
de una compañía o de un índice) durante los últimos 50 días y vamos

a dividir ese total entre 50. Anotaremos el resultado en una gráfica. Cada día se añade el precio del día anterior a la lista de 50 precios y el primer precio se descarta. De nuevo, estos 50 números se suman y se dividen entre 50. Este nuevo resultado se añade a la gráfica y así sucesivamente. A la larga, los puntos en la gráfica comienzan a formar una línea. No tendrás que calcular el promedio ya que muchas publicaciones y el Internet te las muestran en forma gráfica.

Algunos técnicos de la Bolsa estiman que se le debe dar más peso a los precios más recientes. Por lo tanto, ellos usan el promedio móvil exponencial porque éste permite las que los cálculos sean relativos al período de tiempo. Sin embargo, para nuestros fines, cuando nos referimos al promedio móvil, estaremos hablando del promedio simple.

La mayor ventaja de un promedio móvil es su habilidad de suavizar los cambios diarios del índice de la Bolsa. Y tiene sentido. La línea se compone del promedio de los precios. Por lo tanto, no van a mostrarnos los cambios bruscos de cada día.

Sin embargo, mientras más corto sea el período de tiempo que abarque un promedio móvil, reflejará más de cerca la gráfica real diaria de los precios. El promedio de 200 días, resultará en una línea más llana, siguiendo sutilmente la dirección general de su índice. En contraste, un promedio de 50 días, al estar compuesto de precios más recientes, va a mostrar una línea más parecida al índice. Mira el siguiente dibujo del Dow. La curva de arriba nos muestra el promedio de 50 días, la de abajo el de 200.

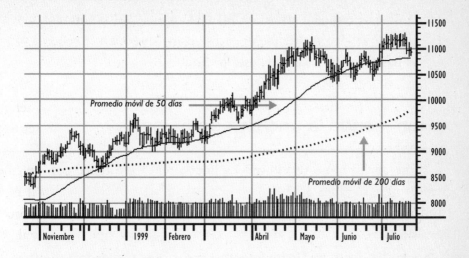

Fíjate que el precio del Dow se mantuvo decididamente por encima de la línea del promedio de 50 días desde abril hasta principios de mayo. Pero en junio comenzó a bajar y procedió a hacer una serie de zigzags por debajo del promedio móvil de 50 días. Finalmente, a principios de julio, la línea subió más arriba del promedio y del nivel de 11,000 y trató de subir aún más, solamente para darse por vencida y terminar bajando.

El promedio móvil de 50 días va a reaccionar más rápidamente a los cambios recientes que la de 200 días, su línea es más parecida a la del Dow.

No quiero que pienses que un promedio corto es mejor que uno que abarque más tiempo. Tampoco vamos a querer un promedio demasiado corto. El propósito de un promedio móvil es trazar la dirección general de un precio, no la reacción diaria a sus cambios bruscos. Para nuestros estudios, vamos a concentrarnos en el promedio de 50 días.

Regresemos a la gráfica. En junio y julio, cuando el Dow cruzó el promedio de 50 días, recibimos la señal de que teníamos que ir con cuidado y no comprar acciones en ese momento. El Dow estaba demasiado cerca de su promedio móvil. Los estudios que se han hecho a través del tiempo han demostrado que, cuando un índice cruza una línea de promedio móvil, la dirección de la Bolsa va a cambiar de rumbo. Es por eso que debemos esperar hasta que el Dow (o cualquier otro índice) esté claramente por encima de su promedio móvil de 50 días, porque así tendremos más se-guridad de que siga moviéndose en la misma dirección. Recuerda, no te muevas hasta que sepas lo que está pasando.

¿Examinando la anchura de tu índice?

¿Qué ancho tiene tu índice? Es bueno tener un índice con un buen ancho. ¿Qué significa eso?

Antes de explicar anchura, debemos comprender la línea de avance y depresión.

Cada día, los toros (compradores) y los osos (vendedores) entran en una pelea. El ganador determinará si la Bolsa sube o baja ese día. Cuando los toros ganan, la Bolsa sube porque los compradores sobrepasan a los vendedores. Cuando los osos ganan, la Bolsa cae porque los vendedores están ganando.

Existe una forma rápida y eficaz de medir esta pelea con la línea de avance y depresión. Esta línea nos indica si hay más compradores que vendedores cualquier día. Se calcula al tomar el número de acciones del *New York Stock Exchange* que aumentaron de precio y se les resta el número de acciones cuyos precios bajaron. El resultado se suma a una cuenta. Las acciones que no cambiaron de precio ese día no entran en ese cálculo. Mientras más grande sea la diferencia entre el número de acciones que han subido y el número que han bajado de precio, mejor podrás ver la dirección de la Bolsa.

Por ejemplo, si el número de acciones que sube duplica al de las que bajan de precio, se crea una proporción de 2 a 1, indicio de que la Bolsa está saludable, porque por cada compañía cuyo precio ha bajado de valor, hay dos subiendo. Pero si hay una proporción de 3 a 2, o sea, que por cada tres compañías que han avanzado, dos han disminuido de precio, la Bolsa no muestra tal buen estado de salud. Es más estrecha.

Lo opuesto ocurre cuando las bajas superan las altas: tendremos una Bolsa débil porque se están vendiendo más acciones de las que se están comprando. Si el número de acciones que están bajando aumenta, la Bolsa se está inclinando hacia abajo.

Por lo tanto, nosotras queremos que la Bolsa tenga buena anchura. Fíjate en las gráficas y busca que tengan una línea de avance y depresión que represente una buena anchura. Esa línea debe seguir la tendencia del índice. Ten cuidado cuando los índices del Dow y de S&P 500 muestren precios altos que no estén representados por la misma reacción de la línea de avance y depresión. Las dos líneas deben ser paralelas. Si la línea de avance y depresión se está deteriorando, mientras que la del precio del índice sigue subiendo, la situación es peligrosa. Eso indica que, mientras las 30 acciones del Dow o las del S&P 500 están avanzando, el resto de las acciones no comparten su triunfo. Es señal de debilidad. Al fin y al cabo, esta baja va a alcanzar al Dow y al S&P 500 y los va a hundir consigo.

En agosto de 1987, dos meses antes del desastroso desplome de 508 puntos en el índice del Dow, la línea de avance y depresión estaba rezagada, mientras que el Dow subió a 2746. He aquí como lucía el índice diario del Dow desde septiembre del 1987 a enero de 1988. Toma nota del espacio que aumentaba entre el índice y la línea de avance y depresión desde los últimos días de agosto hasta mediados de octubre.

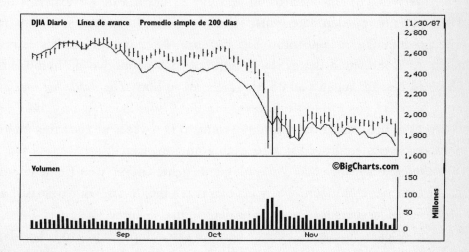

Nota final: la línea de avance y depresión anuncia consistentemente el fin de un ciclo de toros, o lo que se conoce como el punto más alto de la Bolsa, o *"market top"*. Sin embargo, no es tan precisa en determinar el momento exacto en que comenzará un *"bull market"*, o sea, cuando la Bolsa ha tocado fondo y comienza su ascenso.

No sigas ni al general, ni a los soldados

Vamos a explorar ahora los indicadores sicológicos de la Bolsa. ¿Qué estoy diciendo, que la Bolsa tiene sicología? ¡Seguro que sí! ¿De qué se compone la Bolsa? De inversionistas. ¿No te alegras cuando la Bolsa va bien y sufres cuando las cosas pintan mal? ¿No has visto a nadie comprar una acción sólo por un antojo y venderla a la primera señal de pánico? ¿No son nuestras acciones en la Bolsa alentadas y precipitadas a veces por rumores y chismes? Claro que sí. La Bolsa puede actuar emotivamente.

Mediante el estudio de los indicadores sicológicos de la Bolsa, podremos entrar en las mentes de las masas. Al tener una buena idea de lo que está pensando la mayoría, podremos usar esta información para predecir adonde se dirige la Bolsa.

Ante todo, déjame decirte un secreto: la mayoría de los expertos de *Wall Street* no pueden determinar el rumbo de la Bolsa. Así es, los sabios que predominan se equivocan casi siempre. No importa cuantas letras tenga cada individuo detrás de su nombre. Eso es motivo de humildad. ¿Verdad que sí? Según Gerald M. Loeb, en su libro *The Battle for Investment Survival*, los pronosticadores de la Bolsa sólo aciertan un tercio de las veces al predecir la dirección que tomará. Dos veces de cada tres están completamente equivocados. ¡Esa es una nota malísima!

¿Qué te estoy diciendo con esto, que la gente común y corriente como el tío Luis tiene la razón? No y las masas también están equivocadas. La mayoría de las personas no puede determinar la dirección de la Bolsa. Cuando se piensan que los buenos tiempos van a durarles por toda la vida, llega el oso. Cuando están convencidos de que el sol no volverá a salir, las cosas se arreglan y llegan los buenos tiempos de nuevo. ¿Qué puedo decirte? Es la verdad. Tal vez por eso los libros para *"dummies"* o "tontos" se venden tan bien.

El financiero y filántropo John Marks Templeton dió en el clavo cuando dijo: "Los buenos tiempos en la Bolsa nacen del pesimismo, crecen del escepticismo, maduran del optimismo y mueren de la euforia". De manera que nuestra tarea consiste en averiguar lo que piensa la mayoría de la gente, para entonces actuar opuestamente a esa manera de pensar. Por ejemplo, cuando todo el mundo y su abuela corren a poner el dinero de la educación de sus hijos en la Bolsa, porque ésta parece subir incesantemente. ¡Cuidado! Cuando las masas están equivocadas, muy a menudo ya es muy tarde cuando reaccionan, cuando notes optimismo desaforado, empieza a vender porque se avecina un cataclismo.

No estoy insinuando que debes meter las narices en los asuntos de tus vecinos para ver qué piensan de la Bolsa. *Barron*'s publica varios indicadores sicológicos que nos dan una buena idea de lo que piensan los inversionistas.

El arte de leer pensamientos

Veamos los siguientes cuatro indicadores:

Sentimiento alcista bajista (Bullish/Bearish Sentiment)

En 1963, una compañía con el nombre de Investors Intelligence hizo una encuesta de las publicaciones cuyo enfoque son las inversiones, con la esperanza de que sus habilidosos eruditos habrían de predecir con certeza la cima y el fondo de la Bolsa. Pero, cual sería su sorpresa al obtener resultados exactamente opuestos. Con el estudio se descubrió que las firmas asesoras para inversionistas, en general, la mayoría de las veces se equivocan porque siguen la tendencia del momento con respecto a la Bolsa. De ahí surgió una teoría contraria: cuando la mayoría de los asesores se sienten optimistas con respecto a la Bolsa, y la minoría muestra pesimismo, se cree que la Bolsa está acercándose a su cima y una baja es inminente. Cuando muchos asesores tienen pesimismo y sólo un pequeño grupo de ellos muestra optimismo, la Bolsa se está acercando al fondo y pronto comenzará a subir. Pero, ¿cuántos son la mayoría y cuántos la minoría?

Los buenos tiempos se acercan si menos de 40 por ciento de los asesores para inversionistas están optimistas y más de 30 por ciento están pesimistas. Cuídate del rumbo de la Bolsa si hay más de 50 por ciento de los optimistas y los pesimistas son menos de 20 por ciento. Por ejemplo, digamos que 35 por ciento de los asesores son alcistas, es decir optimistas, y 55 por ciento, bajistas o pesimistas. Se dice entonces que el toro se acerca a la Bolsa y llegan los buenos tiempos. Por supuesto, no mires sólo un par de números. Fíjate en los patrones históricos antes de predecir que se ha declarado una tendencia en la Bolsa. También califica este indicador a base del estado de salud de la Bolsa. Si los pesimistas son 35.2 por ciento y los optimistas, 47.6 por ciento, ¿cómo lo interpretas? Ello indica que la Bolsa está saludable, porque los dos números se acercan más al lado bueno que al malo.

Los odd-lotters venden al descubierto

En la Bolsa, los alcistas, o toros, compran una acción con la esperanza de que su valor subirá. Los bajistas, u osos, piensan que los precios de las acciones van a bajar, alentándolos a vender sus acciones al descubierto, o "*short*." Para que ocurra una venta al descubierto, o "*short sale*", un inversionista toma prestada la acción a un corredor y la vende en la Bolsa. Entonces espera, deseando que el precio baje. Cuando ese momento llega, compra la acción a un precio más bajo, le devuelve al corredor lo que le debe y se queda con la diferencia.

Las acciones casi siempre se compran y venden en grupos de 100. A eso se le llama un lote redondo, o "*round lot*". Pero aquellos inversionistas que no puedan pagar por 100 acciones, pueden comprar uno, cinco, diez o cualquier número de acciones que deseen. A esos lotes pequeños se les llaman lotes impares o *"odd-lots"* y a los que negocian con ellos, *"odd-lotters"*.

Los *odd-lotters* se consideran los inversionistas menos sofisticados que existen. Dentro de este grupo, los que venden al descubierto son aún más ingenuos. Se dice que cuando se enteran de una tendencia de la Bolsa y finalmente reaccionan, ya es muy tarde y fallan. Podríamos llamarles los Rodney Dangerfield del mundo de las inversiones. Nadie los respeta. No nos deberá tomar por sorpresa entonces, que las transacciones que hacen los *"odd lot short sellers"* son indicativas de la sicología de multitudes. Mientras más *"odd-lotters"* vendan al descubierto, con la certidumbre de que la Bolsa se venderá abajo, mejores serán las posibidades de que el mercado es alcista, o del toro. Los pobres están siempre equivocados.

Cuando el índice de este grupo de ignorantes muestra un número por encima de 4.0 en la línea de su promedio móvil de 10 semanas es una buena señal. Un índice de 0.5 nos daría un aviso de que los malos tiempos pueden estar acercándose, pero este índice ha tenido más puntería en el pasado al anunciar el comienzo de un avance en la Bolsa que cuando ha anunciado un descenso.

Fiscalizando al especialista

Al igual que el comportamiento de los inversionistas ingenuos indica el estado de la Bolsa en general, también lo hacen las actividades de los que saben lo que tienen entre manos. Entre ellos están los especialistas del *New York Stock Exchange*. ¿Te acuerdas de este grupo del Capítulo 2? Ellos son los empleados que están en el piso de la Bolsa y hacen de puente para que por cada vendedor haya un comprador y viceversa. Cada especialista negocia varias acciones. Cuando hace una transacción, lo hace con cuenta propia para que el flujo de entradas y salidas de las acciones de su especialidad tenga continuidad. En contraste con los *"odd-lotters,"* los especialistas saben lo que están haciendo cuando venden al descubierto. Guíate por ellos. Sí están vendiendo al descubierto, es porque se sienten pesimistas acerca de la Bolsa. Si venden con mucha moderación, piensan que los precios van a seguir subiendo.

La razón entre las ventas al descubierto totales ejecutadas por el público y por el especialista es un indicador al que se le presta mucha atención. Si el número es más alto que 0.6, lo que quiere decir es que hay muy pocas ventas de este tipo por parte de los especialistas, la Bolsa tenderá a subir. Cuando la proporción es de 0.35 o menos es una mala señal.

Compra y venta de fondos mutuos

Es hora de reunirnos de nuevo con nuestros viejos amigos, los inversionistas institucionales. Porque tienen tanta influencia en la Bolsa, también es necesario que observemos su comportamiento. Vamos a visitar a uno en particular, el fondo mutuo. Si el fondo está recibiendo mucho dinero de inversionistas individuales, el administrador va a tener más dinero para invertir en la Bolsa. Cuando un fondo mutuo compra, los precios suben. Lo opuesto ocurre, por supuesto, cuando los inversionistas sacan su dinero de los fondos mutuos. Para que un inversionista en un fondo mutuo pueda recibir su dinero, los administradores del mismo tienen que vender acciones a cambio de dinero en efectivo, para poder cumplir con las órdenes de sus inversionistas. Eso se conoce como una "redención". Cuando estas instituciones venden acciones, los precios bajan.

Por supuesto, los inversionistas ponen y sacan dinero de los fondos mutuos constantemente. Pero tenemos que ver el resultado global: si las inversiones en estos fondos son mayores que las demandas de dinero por parte de sus inversionistas, habrá más dinero para invertir en la Bolsa. Si la presión de los inversionistas sobre el fondo mutuo le obliga a vender muchas acciones, la Bolsa puede afectarse negativamente.

Llegó la hora de decir "adiós"

Tú le has apodado "mi vieja Betsy" y la quieres con todo corazón. Sabes que se está muriendo lentamente, pero no tienes el valor para desprenderte de ella. No puedes darle el tiro de gracia. No importa lo mal que se porte tu querido cacharrito de veinte años, no puedes abandonarlo. ¡Jamás! ¿Cómo podrías hacer semejante barbaridad? Ese manojo de hierro es un álbum familiar con ruedas. Los garabatos con creyones en el asiento de atrás los hizo Jaimito cuando tenía dos años. La mancha en la alfombra del asiento de alante es el recuerdo del jugo de uvas que Clarita derramó cuando iban al parque un día. La abolladura en el lado izquierdo, un trofeo del primer intento de Mateo de conducir un auto. Los niños le llamaban cariñosamente "bombardero B-1". Los ojos se te llenan de lágrimas sólo al pensar en estos dulces recuerdos. ¿Cómo puedes concebir deshacerte de tu Betsy?

Pero es hora de que la dejes ir. El pobre cacharrito necesita un carburador. La transmisión está moribunda. Betsy va al mecánico una vez al mes ahora, descuadrando tu presupuesto hasta el límite. ¿No tendría más sentido comprar otro carro que seguir derrochando dinero en reparaciones que no van a impedir el inevitable fin de tu Betsy? Hay veces que sabemos que ha llegado el momento de hacer un cambio porque no solamente es necesario, pero también ventajoso.

Cuando invertimos, también debemos reconocer cuando llega el momento. Aún después de haber hecho múltiples investigaciones, es posible cometer errores. Así es la vida. Sin embargo, al seguir las reglas de cuando vender, vas a saber cuándo abandonar la nave para que tus pérdidas sean mínimas y puedas evitar un desastre a gran escala.

Es como cuando compramos un seguro de automóvil. Ninguna de nosotras lo compra con la ilusión de tener un accidente. Pero es absolutamente imprescindible porque ese pequeño gasto puede ahorrarnos la pérdida completa del auto y el modo de transportación. Así es que aunque estés perdiendo dinero con una inversión en acciones, cuando veas la señal de vender, hazlo sin titubear. Así es como se hace. El verdadero éxito a invertir no está en ganar dinero cada vez que se invierta. El truco está en asegurarnos de que las ganancias sean mayores que las pérdidas.

Vas a obtener tu porción de desastres. Uno de los errores más grandes que cometen los inversionistas es el de seguir agarrados de una mala inversión con la esperanza que va a recuperarse. Nosotras las mujeres tenemos la tendencia a "amamantar" nuestras acciones. Parecemos tener la errónea convicción de que con un poquito de amor y comprensión nos va a premiar al resucitar. "Yo compré esa acción a $25 y ahora está en $15", tú dices. "No va poder bajar más". Adivina de nuevo. Puede ser que baje a cero. Hasta las mejores corporaciones han tenido la desgracia de no poder resucitar de su muerte. ¿Recuerdas las compañía de PanAm? Esa acción aterrizó y no volvió a despegar nunca.

En los capítulos anteriores, hemos aprendido cómo comprar acciones. Ahora nos concentraremos en una estrategia que por lo regular se hace caso omiso, pero la cual tiene tanta importancia como la de saber comprar: Cuando vender. Ten el coraje de admitir que has cometido un error, reduce tus pérdidas y sigue con tu vida. Es como perder la salida de la carretera. Sal en la próxima oportunidad. Nunca llegarás a tu destino si sigues por ese camino. Vas mal. Trágate tu orgullo, sal de la carretera y da la vuelta.

Las siguientes reglas son señales de "vender" para los inversionistas. Si una acción satisface una o más de ellas, ya sabes lo que debes hacer: despedida. Dale un abrazo y no mires hacia atrás.

Regla 1: El precio de una acción está 10% más bajo que el que pagaste por ella.

Por fin te decidiste a comprar unas acciones de la compañía que ya te sale hasta en los sueños. Por fin, los análisis fundamentales y técnicos te dan su bendición, indicando que llegó el ansiado momento. Con miedo y alegría a la vez —después de todo, estás jugando el juego de los grandes de *Wall Street*— te decides a tirarte al agua. Con el alma en un hilo, tienes la esperanza de recibir grandes riquezas. Pero, en vez de ir para arriba como esperabas, el valor de tu acción comienza a bajar. Baja un cuarto de punto un día, un octavo al día siguiente. ¿Qué vas a hacer ahora? ¿Quedarte con esas acciones o venderlas? Regresas a tus notas y te cercioras de que los estudios que hiciste fueron completos. Esta acción debía haber subido como un cohete, pero sigue bajando. Cometiste un error.

Véndelas cuando el precio llegue a 10 por ciento menos de lo que pagaste por ellas. Por ejemplo, si una acción te costó $100, vende a $90. No te preocupes, no tienes que acertar con cada venta que hagas en la Bolsa para ganar dinero. Siempre y cuando estés dispuesta a reducir las pérdidas temprano, van a aumentar las posibilidades de que saques ganancias al fin de la jornada.

Regla 2: Estás ganando dinero

¡Felicidades! Has identificado correctamente el punto de entrada y valientemente compraste acciones. Como premio, el precio comenzó a subir como esperabas. Pronto, vas a poder sacarles una buena ganancia. Quisieras que los buenos tiempos duren para siempre, pero como una inversionista sensata que eres, tú bien sabes que el triunfo puede durarte poco. Es hora de que decidas cómo vas a proteger tus ganancias.

Históricamente, una vez que el precio de las acciones sube del punto de compra, comienza a bajar o a consolidarse. Acuérdate de las líneas de tendencia que trazamos. Traza las líneas en tu gráfica de la compañía y mantente al tanto de cualquier cambio que puedas reconocer. No queremos tener ganancias para después perderlas.

He notado que a la mayoría de las personas les cuesta más trabajo vender una acción con la cual están ganando dinero que cuando están perdiendo. Siento lástima al pensar en los inversionistas que conozco que no tienen reglas para saber cuando vender. Han visto cuando sus acciones rompem hacia arriba y luego resbalan hacia abajo, poco a poco, hasta perder sus ganancias. ¿Qué gracia tiene eso? Por eso es que tenemos que tener un plan aunque suba o baje nuestra inversión.

Si compras una acción y el precio continúa subiendo, mueve tu punto de venta hacia arriba. Por ejemplo, si pagaste $30 por acción, tu punto inicial de salida es de $27 para proteger tu inversión. Si el precio por acción sube a $33, tu nuevo punto de venta será 10 por ciento menos que esa cantidad o $30. Tienes que defender tus ganancias, no sólo la inversión inicial. Si tu acción sube más a $35, tu punto de salida sería entonces $31.50. Sigue cambiando el precio de venta a medida que suba el precio de la acción, siempre a 10 por ciento por debajo del precio más alto que alcance.

Le estás permitiendo que varíe un poco, pero no lo suficiente para que te quite la ganancia que ya te dió. Si tu acción empieza a perder impulso y baja más del 10 por ciento del precio más alto que tuvo, llegó la hora de darle un beso, decirle buenas noches y seguir andando.

Tal vez oigas que tu contador te advierta de los impuestos que vas a tener que pagar de tus ganancias. Mi filosofía siempre ha sido la misma: Si pagar impuestos sobre mis ganancias es el peor problema que voy a tener ¡Bienvenido! Es más importante que protejas tus utilidades, aunque tengas que pagar impuestos. Yo no baso mis decisiones de venta en las reglas tributarias; las baso exclusivamente en los méritos de las acciones que compro.

Regla 3: Nuevas cimas con poco volumen

Tus acciones salen como un bólido en cuanto las compras. Es tan encantador y estimulante ver que el precio sube como un globo en el aire. Cada vez que buscas el precio de la acción te dan escalofríos al ver lo que estás ganando. Pero no bajes la guardia y estáte alerta a las señales de peligro. Si ves que el precio continúa subiendo, pero el volumen baja, prepárate a vender, porque ello indica que la demanda por tu acción está disminuyendo.

Si el precio sigue subiendo pero la demanda baja, todavía hay más compras que ventas, pero no muchas. La mayoría de las personas —especialmente los inversionistas institucionales— no están comprándola ya. Sin el apoyo de las instituciones, los vendedores van a sobrepasar a los compradores y esto va a hacer que el precio baje. Es hora de vender.

Otra señal de peligro es cuando el precio de tu acción abre el día con un precio bajo y no sube por varios días. Una vez que baja el precio, no se recuperará. El volumen es poco. Véndela. ¿No te acuerda esto a los últimos rescoldos de una relación moribunda? Tú bien conoces las señales: él no parece estar contento de estar contigo, prefiere irse de parranda con los amigos. Ahora resulta que tú eres la regañona. Devuélvele su libertad. Sigue tu camino.

Regla 4: Se mueve rápidamente sin ir a ninguna parte

Para poder pescar esta señal, tendrás que observar los movimientos diarios de la acción. Observa la fluctuación del precio —cuán alto llegó y hasta donde bajó— y apúntalo. Haz esto por una semana. Por ejemplo, una acción puede subir a \$102⅜ y bajar a \$95¹⁄₁₆ el lunes. El martes, subió a 101¾ y bajó a 93³⁄₁₆. Al día siguiente, subió a 100⁵⁄₁₆ y cayó a 92. Los periódicos con tablas bursátiles tienen esta información.

¿Y ahora, qué vas a hacer? Una vez que veas las fluctuaciones en el precio de tu acción, fíjate en el precio que tuvo al final de cada día. Cuando termina el día en lo más bajo o cerca del punto más bajo, ¡cuidado! La acción está debilitada. Trató de subir y cerrar el día arriba, pero no hubo compradores suficientes. Prepárate para vender tú también.

Regla 5: Las ganancias trimestrales bajan

Has escogido una buena acción y te ha recompensado. Los cimientos de la compañía son saludables: las ganancias son fuertes y crecen constantemente. Por eso es que no te preocupa que mañana llegará el próximo informe trimestral de ganancias. Esta compañía tiene buena reputación, ¿verdad? Seguramente dirá que las ganancias, como siempre han sido robustas.

Entonces, sucede lo inesperado. Para tu horror y sorpresa y el horror y sorpresa de *Wall Street*, la compañía anuncia que su crecimiento ha disminuído en comparación a trimestres anteriores. Habiéndote acostumbradro a 30 por ciento o más de crecimiento, tu queridísima compañía anuncia que sus ganancias sólo crecieron 15 por ciento. No te aflijas. Es sólo esta vez. Todas las compañías, hasta las mejores, pueden tener una pausa en su crecimiento de vez en cuando. Si las ganancias también disminuyen el próximo trimestre, llama a tu corredor y pon una orden de vender. Queremos invertir en compañías que se están fortaleciendo, no debilitando. Recuerda, el mejor acelerador del precio de una compañía es sus ganancias.

Regla 6: La empresa ya no tiene un rendimiento sobresaliente

¿Te acuerdas de la letra "O" en BE A PROFIT? Insistimos que la clasificación de tu compañía dentro de su industria tuviera por lo menos un 80, lo que significa que su precio ha subido más que el 80 por ciento de todas las compañías de esa industria. Es una buena empresa porque los inversionistas están comprando sus acciones a diestro y siniestro. Entonces, qué le estará pasando a esta corporación, que el precio de sus acciones está bajando? Si su clasificación baja a menos de 70, la demanda por las acciones bajará también y puede ser que ha llegado la hora de despedirte de ella y vender.

CAPÍTULO OCHO

Los fondos mutuos: dejándole el trabajo a otros

Al salir a la agitada calle frente a su edificio de apartamentos, Carolina llama un taxi con experto ademán. "445 Madison Avenue, por favor", le dice al chofer. En 45 minutos, tiene que hacer una presentación de una campaña publicitaria para los ejecutivos de una grande empresa. Ella encabeza la campaña. Se sienta cómodamente en el asiento trasero, algo gastado por el tiempo y el descuido, y repasa de memoria los puntos más importantes de su presentación. Por lo regular, ella siempre lleva su auto al trabajo, pero hoy no se sentía con ganas de batallar el tránsito. Le va a dejar ese oficio a otro para llegar a su destino descansada. Esta presentación es demasiado importante para echarla a perder.

Cuando inviertes en un fondo de inversiones o fondo mutuo, estás dejando que maneje otro por ti. Tal vez no tengas tiempo de hacer las investigaciones necesarias y seguirle el rastro a tus acciones, o quizás todavía no te sientes con suficiente seguridad para hacerlo. Puede ser que sencilla y llanamente no quieras tener esa preocupación. Cualquiera que sea la razón, tiene sentido que le dejes esos dolores de cabeza a otro y que ellos inviertan el dinero por ti, siempre y cuando te asegures de que tengan buenos antecedentes. En este capítulo, voy a enseñarte cómo escoger un buen fondo de inversiones. De ahí en adelante, ponte cómoda y deja que el chofer te lleve a tu destino.

Cómo funciona un fondo mutuo

Durante una de mis charlas, una joven atractiva que estaba sentada en la parte de atrás del salón levantó la mano y me preguntó: "Yo sé que debo saber la respuesta a esta pregunta porque tengo uno, pero ¿qué es un fondo mutuo?"

Vamos a comenzar la lección con la explicación de cómo funciona un fondo mutuo. Si recuerdas el Capítulo 1, un fondo mutuo es como una gran cesta de dinero que se ha recogido de muchos inversionistas como tú y yo. Un administrador de la compañía maneja esta fuente de dinero, y su deber es invertir los fondos depositados en ella. El recibe una comisión que descuenta del dinero que administra. Este administrador es un empleado de la compañía de fondo mutuo.

Los fondos mutuos han existido desde la década de 1920, pero su popularidad ha aumentado considerablemente durante los últimos 15 años. Hoy, más de 40 millones de personas tienen dinero invertido en fondos mutuos, es decir, uno de cada tres hogares. Sin embargo, este tipo de inversión tiende a ser mal interpretado por la mayoría.

Uno de los conceptos más erróneos es que si uno compra un fondo de inversiones de un banco, la cuenta estará garantizada al igual que una cuenta de ahorro o corriente. Eso no es así. Esta clase de inversión no está garantizada. Tus inversiones subirán y bajarán, y es el riesgo que deberás aceptar. Pero déjame advertirte que, aunque sí ha habido bancos que se han ido a la bancarrota en el pasado, eso nunca ha occurido con una compañía de fondos mutuos.

Los fondos mutuos ofrecen tres maneras de ganar dinero: con dividendos, con la distribución de ganancias sobre el capital y con redenciones o canjes por dinero en efectivo.

Cuando el administrador de un fondo mutuo invierte el dinero, él o ella —o un equipo de administradores— puede decidir invertirlo en distintos tipos de instrumento: acciones, bonos y otros valores.

Algunas de estas inversiones pueden pagar dividendos. ¿Recuerdas? Un dividendo es una parte de las ganancias de una compañía que se le está devolviendo a sus accionistas. Cuando un fondo compra acciones en una compañía que paga dividendos, el fondo los recibe. Entonces, estos dividendos se distribuyen entre los inversionistas del fondo. Puedes escoger si recibes tus dividendos en efectivo o reinvertirlos en el fondo.

Cuando la administración de un fondo decide vender parte de las acciones o bonos que tiene en su portafolio de inversiones, esto puede resultar en una ganancia o pérdida para al fondo mutuo. Las ganancias también se distribuyen a los inversionistas como ganancias sobre el capital. De nuevo, puedes escoger recibir estos pagos o reinvertirlos en la cuenta de tu fondo. Si la venta hecha por la administración resulta en pérdida, esto también afectará en el valor de tu cuenta.

Por último, a un fondo mutuo se le sacará provecho vendiendo parte o todas las acciones que tengas en el fondo. Después de haber depositado tu dinero en él y mantenido la cuenta por varios años, quizás decidas que quieres recibir una entrada del fondo. Esto se conoce como una redención.

Abierto y cerrado

Hay dos clases de fondos: los fondos abiertos y los cerrados. Un fondo abierto es aquél que acepta dinero de sus inversionistas en cualquier momento. Siempre está a la disposición del público. En raras ocasiones, un fondo abierto puede cerrarse temporalmente, a nuevos inversionistas, si su administración se ve incapaz de invertir el dinero que le está entrando con la rapidez necesaria para dar buenas ganacias. Por ejemplo, el Janus Twenty Fund cerró sus puertas a nuevos inversionistas a mediados del año 1999 después de una excelente temporada de rendimiento a los inversionistas en 1998, que atrajo un diluvio de inversionistas nuevos.

Un fondo cerrado se comporta más bien como una acción individual que como un fondo tradicional. Para empezar, no puedes depositar dinero en este tipo de fondo porque es una compañía pública de inversiones. Al igual que las corporaciones, un fondo cerrado crea su propio capital al ofrecer acciones al público y los precios de esas acciones se anuncian en las tablas bursátiles diariamente. Los inversionistas sacan ganancias al comprar y vender estas acciones en una Bolsa, como lo harían con la compañía IBM. En un fondo abierto, los inversionistas meten y sacan dinero del fondo a su gusto. En un fondo cerrado, los inversionistas le compran y venden acciones a otros inversionistas de la Bolsa. En este libro, vamos a discutir los fondos abiertos.

Las familias de fondos mutuos ¿son normales o disfuncionales?

Cuando la misma compañía se ocupa de manejar varios grupos de fondo mutuos, se le llama una familia de fondos mutuos. Vanguard, T. Rowe Price y Fidelity son ejemplos de familias de fondos. Bajo su nombre, cada una de estas compañías tiene muchos fondos de donde se puede escoger desde fondos mutuos muy conservadores hasta los que están dispuestos a tomar grandes riesgos.

El organigrama siguiente ilustra una compañía de fondos mutuos típica:

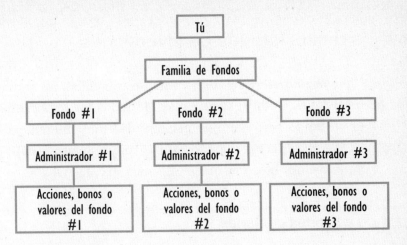

Cada familia de fondos tiene que obedecer las reglas del Securities and Exchange Commission (SEC por sus siglas en inglés) establecidas para proteger al público. Estas reglas se aplican a cada fondo, limitan la cantidad de dinero que el administrador puede invertir en una industria o compañía y regula el tipo de valores que estén permitidos por este organismo.

El Gobierno quiere que los administradores no arriesguen todo el capital de sus inversionistas en uno o dos lugares solamente. Al poner los huevos en pocas cestas, estos administradores aumentarían el riesgo de invertir en el fondo. A los fondos mutuos se les requiere, por ley, que inviertan en un mínimo de 20 valores para reducir el riesgo. Cuando el valor de una inversión baja, hay probabilidades de que otra esté dando ganancias y que, entre las dos, se llegue a equilibrar. Existe muy poca probabilidad de que todas inversiones de un fondo bajen a la misma vez.

Es por esto que muchos inversionistas inexpertos comienzan por invertir en los fondos mutuos. Por naturaleza, este tipo de inversión tiene menos volatilidad que las acciones individuales y ofrecen los beneficios de la Bolsa. Al inversionista principiante se le hace más fácil porque va a recibir la ayuda del administrador del fondo. Éste va a invertir el dinero según su propio criterio, pero el inversionista tiene que evaluar el comportamiento del fondo de vez en cuando para asegurarse de que todo va bien.

Los hijos de las familias de inversiones

Al igual que encontramos de todo en nuestras familias, las familias de fondos de inversiones también tienen hijos de todos los temperamentos. Cada uno es un fondo pero con una personalidad muy diferente a la de sus hermanos. Algunos son agresivos, otros pasivos y aun otros son término medio. ¿Cómo sabemos quién es quién? Leamos sus objetivos.

Fondos de acciones comunes

Como podrás haber adivinado ya, estos son fondos que invierten en acciones comunes. Este tipo de fondo se clasifica en cuatro categorías de acuerdo a lo arriesgado que sea cada uno y a cuánto serán sus dividendos.

- *Fondos de crecimiento intenso, o "aggressive".* Cuando un fondo inversiones se declara como intenso te está diciendo que invierte en compañías pequeñas. Una inversión intensa significa que tendrás que asumir un riesgo mayor pero también tendrás la oportunidad de recibir mayores ganancias. La palabra "crecimiento" indica que las acciones que este fondo compra son de compañías que no distribuyen dividendos. En cambio, estas compañías invierten sus ganancias de nuevo en el negocio para incrementar su crecimiento. El fondo tendrá ganancias si las acciones que tiene suben de precio. No cuenta con dividendos como parte de recibir la ganancia. Por lo tanto, un fondo de crecimiento intenso compra acciones en compañías chicas que tengan un buen futuro. Esixten alrededor de 155 fondos de crecimiento intenso. Estos incluyen a Fidelity New Millennium, Janus Olympus y Putnam Voyager.

- *Fondo de crecimiento o "growth".* Un fondo de crecimiento invierte en compañías grandes y establecidas que pueden optar por no pagar dividendos para aumentar su crecimiento. Microsoft es un buen ejemplo de este tipo de compañía. A pesar de su tamaño, esta empresa aún muestra un aumento de ganancias de dos cifras. Y para consternación de sus inversionistas, no paga dividendos. Existen cerca de 2,000 fondos de crecimiento, incluyendo a Janus Twenty, Gabelli Growth y Vanguard Primecap.

* *Fondos de crecimiento e ingresos o "growth and income".* Hemos estudiado la parte del crecimiento. Las acciones que producen ingresos son de compañías que se compran por sus dividendos. Combinando estos dos conceptos, vemos que este tipo de fondo busca grandes compañías cuyas acciones tengan buenas perspectivas de aumentar valor y que paguen dividendos. Su Domini Social Equity, Pioneer y AIM Blue Chip están entre las más de 800 opciones para invertir en esta clase de fondo.

* *Fondos especializados o "sector".* Los fondos que invierten en acciones de una sola industria o sector se conocen como fondos de sector. Hay cientos de estos fondos. Su ventaja es que le ofrecen al inversionista una forma conveniente y diversificada de invertir en una industria en particular, sin tener que escoger sólo una compañía. Sin embargo, como esta clase de fondo se concentra en sólo una industria, se le considera de una volatilidad mayor que los fondos de acciones comunes de compañías de diversas industrias y sectores. Fidelity Select Computers es un ejemplo de un fondo de sector. Si ves que el nombre del fondo incluye el de un segmento específico de la Bolsa como oro "o utilidades", existe una buena posibilidad de que sea un fondo de sector.

Fondos de ingresos fijos

Estos son fondos que invierten en bonos. Recuerda que los bonos son deudas. Los bonos ofrecidos por compañías se llaman bonos corporativos.

Los del Gobierno se llaman bonos gubernamentales o del tesoro. Los bonos municipales son los que ofrecen los Gobiernos estatales o municipales. Los inversionistas que prefieren la gran estabilidad en vez de una gran ganancia en sus inversiones, tienden a invertir en bonos.

- *Bonos gubernamentales.* Como los bonos son préstamos, los inversionistas que los compran están prestando su dinero a cambio de pago de intereses y la devolución de su inversión. Los fondos de bonos del Gobierno invierten en pagarés, o "IOU's," del Gobierno federal, estatal y municipal. A diferencia de las ganancias que se obtienen de acciones, las ganancias de los bonos del Gobierno tienden a ser mucho más bajas. Existen tres tipos de bonos del gobierno: *U. S. Treasury bills*, que se vencen entre un año y 90 días; *U. S. Treasury Notes*, con fecha de vencimiento de uno a diez años; y *U. S. Treasury Bonds*, que se vencen entre diez y treinta años. Otros bonos del Gobierno incluyen deudas de agencias del Gobierno federal como *Government National Mortgage Association*, conocidas como "*Ginnie Mae*" (GNMA por sus siglas en inglés). Los fondos en este grupo incluyen a American Century Target, Rushmore U. S. Government Bond y Lexington GNMA Income.

- *Fondos de bonos corporativos.* Estas son deudas (pagarés, o "IOU's") de compañías. Como éstas no tienen la estabilidad económica del Gobierno de Estados Unidos, tienen que ofrecer intereses más altos para atraer a los inversionistas. Sin embargo, el interés ofrecido por los bonos corporativos varía, dependiendo de la estabilidad económica de la compañía. Una empresa de buena reputación y bien establecida, como AT&T, pagará intereses más bajos que una compañía menos estable. La razón es que AT&T se considera una inversión más segura mientras que la empresa más chica tendrá que ofrecer intereses más altos para atraer a los inversionistas. Los bonos ofrecidos por las corporaciones se califican según la salud financiera de la empresa. Las calificación más alta que reciben las corporaciones son AAA, AA o A. Los fondos mutuos que invierten en bonos corporativos de alta calidad incluyen a Dodge & Cox y Scudder Income.

* *Fondos de bonos de interés alto, "bonos chatarra" o "junk Bonds".* Este fondo compra bonos que tienen una calificación de BB o inferior. Las empresas que ofrecen estos bonos conllevan un riesgo más alto porque tienen problemas con el modo en que operan. Antes de que a Macy's se la tragara Federated Department Stores, sus bonos se calificaban como *"junk"* por haber radicado una solicitud de bancarrota o lo que se conoce como *"Chapter 11 bankruptcy"*. Sin embargo, los inversionistas que tenían bonos de Macy's no sufrieron pérdida alguna porque el negocio mejoró enormemente. Los administradores de este tipo de fondo apuestan a que la fortuna de las compañías en que invierten va a mejorar. El riesgo asumido por sus inversionistas se recompensa con una oferta de interés alto. T. Rowe Price High Income y Oppenheimer Champion Income son fondos de inversiones de esta categoría.

* *Fondos de bonos municipales (exentos de impuestos).* Los "munis", como suele llamársele a este tipo de fondo, invierten en proyectos municipales como en la fabricación de edificios para bibliotecas, de puentes y otros. Esta inversión proporciona ventaja de una exención contributiva por los intereses recibidos y, en algunos casos, también pueden estar exentos de impuestos federales y estatales.

Fondos con acciones, bonos y otros valores

Algunos fondos mutuos prefieren invertir en una variedad de valores. Como las distintas opciones a disposición reaccionan de formas diferentes a los factores económicos, las compañías de fondos tratan de reducir la volatilidad al invertir así. Sin embargo, esto puede costarle ganancias al inversionista de este tipo de fondo.

- *Fondo equilibrado.* Esta clase de fondo invierte entre un 60 y un 70 por ciento del capital en acciones y el resto en bonos. Se trata de mantener un equilibrio en el movimiento de ambos valores, porque reaccionan en forma distinta bajo diferentes condiciones económicas. A un fondo que invierte solamente en acciones se le considera diversificado, porque invierte en 20 empresas como mínimo, como lo manda la SEC. Eso reduce el riesgo del fondo. Sin embargo, las acciones reaccionarán de la misma manera a condiciones diferentes. Al añadir bonos, el fondo se diversifica aún mas porque agrega un tipo diferente de valores. Pax World y Janus Balance pertenecen a este grupo.

- *Fondos extranjeros, internacionales y globales.* ¿No te suenan iguales "extranjeros", "internacionales" y "globales"? En el mundo de los fondos mutuos "extranjero" e "internacional" significam lo mismo, pero no "global". Un fondo extranjero o internacional invierte exclusivamente en valores fuera de Estados Unidos. No se le permite invertir dentro del país, pero un fondo global puede comprar acciones dentro y fuera de Estados Unidos. Este tipo de fondo está en libertad de invertirlo todo en compañías estadounidenses o en compañías extrajeras. Putnam International Growth es un ejemplo de un fondo internacional, Citizens Global Equity es un fondo global.

- *Fondo dependiente de índice, o "Index Fund".* En la última década, estos fondos han disfrutado de gran popularidad porque son un reflejo de los índices de la Bolsa. Estos fondos mutuos compran acciones de las compañías que forman parte de un índice. Por ejemplo, el fondo de Vanguard Index 500 compra todas las acciones que el índice de Standard & Poor's 500 evalúa. Cualquier acción que encuentres en ese índice, también la encontrarás en Vanguard. ¿Por qué? El comportamiento de un fondo de inversiones se acostumbra a comparar al del índice S&P 500. Como es muy difícil sobrepasar el crecimiento de este índice —nueve de cada diez administradores de fondos mutuos no lo logran— a Vanguard se le ocurrió una idea: ¡Si no puedes ganarles, hazte su aliado! Creó un fondo que reflejera al S&P 500. Hoy, el fondo de Vanguard Index 500 es el segundo en tamaño y uno de los fondos más exitosos en Estados Unidos.

Acerca de los fondos mutuos conocidos como "*money market funds*" o fondos del mercado monetario

Un fondo del mercado monetario es algo extraño, pues tiene una doble personalidad. Actúa como un fondo mutuo y como una cuenta de cheques. Aunque los fondos del mercado monetario no tienen garantía, se les considera una inversión muy estable que paga dividendos a través de una cuenta de cheques. Este fondo invierte el capital en las deudas a corto plazo de compañías, pagarés del Tesoro y otras inversiones similares. Un fondo del mercado monetario ofrece una mejor alternativa que una cuenta de certificado de depósito, o "CD", por la opción de escribir cheques gratuitamente y porque el dinero no tiene que permanecer en la cuenta por ningún tiempo fijo como los CD. Sin embargo, por lo regular tendrás que escribir cheques por grandes cantidades; el mínimo puede ser de $250 a $500. Paga intereses de alrededor de 4 a 6 por ciento. El nivel de los mismos varía diariamente.

Los fondos de "*money market*" ofrecen un buen lugar donde guardar dinero que vayas a necesitar pronto. Tal vez estés ahorrando para el pago inicial de un automóvil, para unas vacaciones o para comprar una obra de arte.

Acciones o bonos: ¿cuáles son más seguros?

Por encimita, los bonos pueden parecer una inversión más segura que las acciones. Después de todo, las deudas hay que pagarlas, ¿verdad? Con las acciones, puedes llegar a perder tu inversión completamente. Es un argumento convencedor, pero permíteme mencionar que los bonos también tienen sus riesgos.

Todo se basa en el mercado secundario. ¿Qué dices? Estás hablando en chino.

Vamos a imaginarnos que invertiste $10,000 en un bono de la compañía Acme. Pagará un interés de 7 por ciento y se vence en 10 años. Siempre y cuando Acme no se vaya a la bancarrota, recibirás cada año 7 por ciento de interés por tu dinero y al final de los 10 años recibirás tus $10,000.

Tu dinero está amarrado durante esos 10 años. Mientras tanto, la vida sigue su agitado curso. Tienes un adolescente en casa y los gastos aumentan cada minuto que pasa. Necesitas esos $10,000 ahora. A tu corredor, le suplicas: "¡Yo sé que me comprometí a dejar ese dinero ahí por 10 años, pero lo necesito AHORA!" Tu agente te responde: "No hay problema. Voy a vender ese bono por ti". Él no va donde Acme porque ya esta compañía recibió los $10,000. El trato está hecho. Se dirige a la Bolsa de bonos —mercado donde los inversionistas venden y compran bonos— el mercado secundario.

Míralo de esta manera: Si te hubieras arrepentido de haber comprado un vestido de marca y la tienda se negó a aceptar la devolución, ¿cómo te deshaces de él? Buscas otra persona que te lo compre. Así es como uno tiene que deshacerse de un bono. La compañía que los ofreció originalmente por lo regular no los acepta de regreso, así es que tienes que encontrar otro comprador.

Vamos a suponer que la Bolsa está actualmente lidiando con bonos como el tuyo pero a un interés de 5 por ciento. Cuando el agente trata de vender tu bono, que paga 7 por ciento, está ofreciendo un trato mejor que el que existe en ese momento. Es seguro que va a recibir muchas ofertas. Muchas personas lo van a querer. Un buen corredor diría: "el precio es ahora de $11,000, no $10,000". El bono se está ofreciendo a un precio primo.

Pero, qué sucede si los intereses de ese momento son de 10 por ciento cuando tu bono llega a la fiesta. El corredor no va a recibir muchas ofertas. Cualquier inversionista puede conseguir un bono de $10,000 que pague 10 por ciento, ¿por qué va a comprar el tuyo que sólo ofrece 7 por ciento? Tu agente va a tener que descontar ese bono para poder zafarse de él. Esto se llama vender un bono a descuento.

Recuerda, los precios y los intereses van en direcciones opuestas. Cuando los intereses suben, los precios de los bonos bajan. Cuando los intereses bajan, el precio de un bono aumenta. Es cuestión de economía política.

Cuando vendes un bono, dependes de la tasa de interés que exista en ese momento. Mientras más largo sea el plazo del bono, más lo afecta, en su valor la tasa de intereses.

Por lo tanto, los fondos de bonos pueden ser tan arriesgados como los de acciones. Un administrador que canjea bonos activamente en vez de dejarlos que venzan está expuesto a la misma incertidumbre que el administrador de un fondo de acciones.

Cómo abrir una cuenta con un fondo mutuo

Todo comienza contigo y tu dinero. Una vez que hayas escogido el fondo mutuo de tu agrado, necesitarás una solicitud y un documento llamado prospecto o "*prospectus*". El prospecto es un informe que nos dice cuáles son los objetivos o metas del fondo, sus resultados y sus costos.

También nos dice la cantidad que se necesita para abrir una cuenta, casi siempre de $1,000 a $2,500. Por lo regular, con las cuentas individuales para la jubilación, o *"Individual Retirement Accounts"* (IRA, por sus siglas en inglés), no puedes tocar el dinero hasta que cumplas 59½ años de edad. La cantidad mínima requerida por los fondos mutuos para abrir una cuenta IRA es más baja, por lo regular $500. Sin embargo, si optas por depositar dinero directamente de tu cuenta corriente, dándole el derecho al fondo mutuo a transferir una cantidad específica mensual a tu cuenta del fondo mutuo, podrás empezar a invertir con $50 al mes, o $12.50 por semana. Este método de invertir automáticamente también tiene otra ventaja: te obliga a invertir con regularidad, lo que quiere decir que vas a comprar tus acciones de participación a diferentes precios. A veces comprarás cuando las acciones estén baratas, otras veces cuando sus precios estén más caros. Esta práctica de invertir de este modo se llama inversión a costo promedio y evita que pongas todo el dinero en tu cuenta en un momento en que la Bolsa esté muy alta. El costo de tus compras será un promedio más bajo que el costo de cualquiera de tus transacciones.

Cuando inviertes en un fondo, tú estás comprando acciones de participación. ¿Qué son acciones de participación? "Yo pensaba que solamente las corporaciones individuales ofrecían acciones", me dices. Los fondos de inversiones también ofrecen acciones. Cuando se crea un fondo, éste recibe dinero de un grupo de inversionistas. ¿Cómo calculan qué parte le corresponde a cada inversionista? ¿Cómo distribuirá las ganancias y pérdidas de cada participante? Pues con acciones de participación. El fondo mutuo decide cuántas acciones va a ofrecer. Después de aceptar el dinero de sus inversionistas y restarle los gastos que haya incurrido, el balance se divide entre el número de acciones para obtener al precio por acción; el nombre técnico de este precio es el valor neto de activos, o *"net asset value"* (NAV, por sus siglas en inglés). Si al fondo mutuo le quedan $10 millones después de los gastos y ofreció 500,000 acciones, cada acción valdrá $20. Si depositas $1,000 en este fondo, te corresponderían 50 acciones.

Al fin de cada día activo en la Bolsa, este precio se calcula de nuevo, ya que el valor de las acciones que tiene el fondo cambia diariamente, al igual que el número de inversionistas que tiene el fondo en sí. El fondo mutuo suma el dinero de todos los inversionistas, le resta los gastos incurridos y lo divide entre el número de acciones para llegar al precio neto por acción cada día. El NAV se publica en las tablas bursátiles o en el Internet bajo el nombre de la familia del fondo mutuo.

Sin embargo, aunque el NAV es el precio que un inversionista recibirá por cada acción que vendió ese día, no es siempre el precio al cual inversionistas nuevos pueden comprar una acción de participación en ese fondo. Los fondos mutuos le agregan una comisión al precio neto de la acción, o lo que se conoce como el "*load*" del fondo. Ese total es entonces el precio que pagan los inversionistas por las acciones del fondo.

Cómo escoger un buen fondo mutuo

Al escoger un fondo mutuo, puedes sentir la tentación de invertir en el que tu agente u otra persona de confianza te haya recomendado. Después de todo, te dicen, ese fondo ofreció un rendimiento total de un 11 por ciento el año anterior. Eso no está mal. Es mucho más de lo que el banco te está pagando por tus ahorros. Pero, ¿qué te parece si yo te digo que hubieras podido recibir una utilidad de casi 25 por ciento en un fondo similar con menos riesgos que los de la Bolsa en general? Seguro que se te caería la quijada. Lo importante aquí es que tenemos que comparar. ¿Cómo vas a saber si tienes un buen fondo si no lo has comparado con los demás? ¿No estás segura de cómo hacerlo? Te voy a enseñar como evaluar el comportamiento de un fondo mutuo.

Primero, debes comprender que el resultado de un fondo mutuo se compara siempre al resultado del S&P 500. Es la meta de cada administrador de un fondo de inversiones sobrepasar el índice del S&P 500. Sin embargo, menos del 10 por ciento de los fondos mutuos lo consiguen. Como este índice es lo que se quiere superar, vamos a examinar el fondo mutuo Vanguard Index 500 que imita a S&P 500. Ven conmigo a la biblioteca, o encendamos la computadora para buscar en el Internet, donde buscaremos el informe de Morningstar, compañía que se dedica a estudiar los fondos mutuos.

Dirígete a *www.quote.com*, donde verás que dice "Mutual Fund Reports" (informes sobre fondos mutuos). Éstos son producidos por una compañía llamada Lipper y por otra llamada Morningstar, dos de las autoridades más respetadas en este campo.

Al buscar el informe sobre Vanguard Index 500, vas a encontrar:

RESULTADOS HASTA EL 26 DE JULIO DE 1999

Resultado de la última semana	−4.20%	Rendimiento de las últimas 26 semanas	8.30%
Resultado del último año	19.80%	Rendimiento del año hasta la fecha de hoy	10.40%
Promedio del resultado de los últimos 3 años	30.50%	Rendimiento global de los últimos 3 años	122.40%
Promedio del resultado de los últimos 5 años	26.80%	Rendimiento global de los últimos 5 años	227.50%
Promedio del resultado de los últimos 10 años	17.50%	Rendimiento global de los últimos 10 años	402.90%
Promedio del resultado desde el comienzo del fondo	15.70%	Rendimiento global desde el comienzo del fondo	2710.30%
Grado proporcional en Quintos	1	Grado numérico (1 año)	
Grado proporcional en Quintos (por 3 años)	1	Grado numérico (3 años)	
Grado proporcional en Quintos (por 5 años)	1	Grado numérico (5 años)	

Fuente: quote.com

Al estudiar la tabla anterior, vemos que el resultado del último año fue de 19.8 por ciento, el promedio del resultado durante los últimos tres años fue de un 30.50 por ciento, cada año, y el promedio del resultado del fondo durante los últimos cinco años ha sido de un 26.8 por ciento. ¿Te entusiasma? Pero no lo compres todavía. Vamos a seguir.

Los números en la parte de abajo de la tabla nos indican la clasificación del fondo mutuo. Si mi fondo mutuo estuviera nadando en un mar de ellos, ¿qué lugar ocupa? ¿Está a la vanguardia del grupo o está en uno de los últimos lugares? En la segunda columna de la tabla verás que el fondo de Vanguard Index 500 tiene una clasificación numérica de "1", ya que la ha mantenido durante los últimos cinco años. Esa clasificación de "1" significa que ocupa una posición entre el primer 20 por ciento de todos los fondos mutuos que existen con el mismo objetivo que éste.

Es en este momento que los escépticos se llenan la boca para decir que Vanguard salió tan bien durante los últimos años porque hemos disfrutado de una Bolsa saludable, donde los toros les han ganado a los osos. Esa es una buena observación. Un fondo mutuo puede ofrecernos un brillante resultado cuando la Bolsa sube y desbaratarse completamente cuando la Bolsa va hacia abajo. Por eso es necesario que observemos el siguiente informe, donde veremos cómo se comportó nuestro fondo mutuo durante los buenos y los malos tiempos de la Bolsa:

CALIFICACIÓN (RATINGS)

Comportamiento en Quintos— Actual	1	Comportamiento Universal en Quintos— Actual	2
Comportamiento en Quintos— Ascendente	1	Comportamiento Universal en Quintos— Ascendente	3
Comportamiento en Quintos— Descendente	4	Comportamiento Universal en Quintos— Descendente	3

Fuente: quote.com

Vamos a leerlo comenzando con la columna izquierda de arriba hacia abajo. Verás que dice "Comportamiento en Quintos — Actual". Aquí la clasifición "1". Ello significa que al comparar nuestro candidato con todos los demás fondos mutuos cuyo objetivo es el mismo, nuestro fondo está en el primer 20 por ciento quinto significa, partes iguales de 20 por ciento. "Comportamiento en Quintos — Ascendente", nos indica cómo se comportó Vanguard Index 500 durante la más reciente alza de la Bolsa: aquí también recibió una clasificación de "1". El último cuadro a la izquierda nos dice cómo se comportó Vanguard durante el último bajón de la Bolsa: un "4" significa que bajó al grupo que comprende el 40 por ciento más bajo de todos los fondos mutuos en su misma categoría.

La columna derecha de la tabla compara nuestro fondo mutuo con todos los fondos mutuos existentes, no solamente con aquellos que tienen sus mismos objetivos.

Vanguard Index 500 ocupa una actualmente posición entre 40 por ciento superior entre todos los fondos mutuos, como podrás ver por su clasificación de "2". Como resultado de las últimas subidas y bajadas de la bolsa, este fondo se clasificó en "3", lo que significa que formó parte del 60 por ciento superior entre todos los fondos. Ahora vemos que Vanguard es un líder en su categoría pero queda más o menos en la mitad cuando se le compara con todos los demás fondos mutuos.

GENERAL

Precio de venta	124.59	Cambio en el precio de venta	−0.85
Precio de compra	124.59	Categoría de inversón	*Growth & Income*
Valor total de activos (en millones de dólares)	92,643	A la fecha	06/30/99
Dividendos	1.10%	A la fecha	05/31/99
Volatilidad	4.78%	Beta	1.00

Fuente: quote.com

El objetivo de nuestro fondo, según esta tabla, es de crecimiento e ingresos. El NAV es de $124.59. Como el precio de oferta, o *"offer price"* es también de $124.59, podemos ver que éste es un fondo que no tiene cargo por comisión. Una diferencia de precio entre estas dos cantidades resultaría en la comisión o el recargo del fondo. El precio de oferta es el precio que pagaría un inversionista para comprar acciones de participación en el fondo mutuo y el NAV o el valor neto del activo, será el precio que recibirías al venderlas. En este caso son iguales. Vamos a estudiar estos conceptos en más detalle cuando discutamos las comisiones y demás cargos de los fondos mutuos.

El beta de Vanguard Index 500 es "1", igual que el del índice S&P 500. Como Vanguard invierte en las mismas 500 acciones que el índice, tiene sentido que ambas inversiones tengan la el mismo beta. Recuerda que beta mide el riesgo. Cuando un corredor de la Bolsa te diga que puede ofrecerte un fondo mutuo que ganó 35 por ciento el año pasado, no saltes de alegría todavía. Antes pregúntale, "¿Qué beta tiene ese fondo?" Puede ser que tenga ganancias estelares pero si el beta es 3, ¿podrás dormir tranquila si inviertes en ese fondo? ¡Ese fondo mutuo tiene tres veces la volatilidad del S&P 500! Si tú sabes quel S&P 500 subió a 30 por ciento en un mismo año y, sin embargo, tiene una beta de 1, ¿no deberías obtener mayores ganancias si el riesgo es tres veces mayor? Por eso es que hay que comparar. El mejor fondo para ti pudiera ser uno que tenga una ganancia de 28 por ciento con un beta de 0.87, o uno que gane 53 por ciento con un beta de 2.

Quiero comprarlo, pero . . . ¿Cuánto cuesta?

Los fondos mutuos invierten tu dinero y te cobran un honorario. Estos costos pueden esconderse en sólo cuatro sitios. A los costos por invertir en un fondo se les llama: comisión pagadera por adelantado, o "*front-end load*", comisión por venta o "*back-end load*", gastos generales y honorarios por concepto de 12b-1.

OPERACIONES GENERALES

Familia de Fondo	VANGUARD GROUP	Teléfono	800-662-7447
Nombre del Administrador	George U. Sauter	Señoría del Administrador	1987
Cargo máximo de comisión	0.00%	Cargo de 12b-1	0.00%
Comisión de venta	0.00%	Inversión Mínima (Min Investment ($))	3000
Fin del año fiscal	12/31/98	Gastos generales (Expense Ratio)	0.18%
Entrada de dividendos	1.33	Entrada como resultado de ventas de activos (Capital Gains Dividends ($))	0.76
Frecuencia de distribución	Trimestral		
Plan de inversión contínua	Sí	Plan de distribución sistemática	Sí

Fuente: quote.com

Comisión pagadera por adelantado o "front-end load"

Este es probablemente el gasto más anunciado de un fondo mutuo. Es muy común ver un anuncio para un fondo de inversiones donde se jactan de que no cobran comisión por adelantado. O sea, que la comisión pagadera por adelantado sería dinero que tendrían que pagar los inversionistas al poner dinero en ese fondo. La ley permite que estos cargos lleguen a un límite de 8.5 por ciento, pero rara vez suben tanto porque la competencia entre las compañías de fondos mutuos no lo permite. Una manera rápida de identificar un fondo mutuo que cobra comisión por adelantado es si el nombre del mismo tiene una barra y una letra "A" así: "/A". Al mirar nuestra tabla, vemos que Vanguard no carga comisiones por adelantado.

Con frecuencia, veremos que un fondo mutuo se anuncia como un fondo mutuo que no cobra comisiones, lo que quiere decir es que no cobra la comisión por adelantado. Los inversionistas descuidados pueden jactarse de que son inteligentes al escoger este tipo de fondo mutuo y llenarse la boca al decir: "Yo solamente invierto en fondos mutuos que no cobren comisiones por adelantado". Creen que están recibiendo algo de gratis. Me tapo la boca para no reírmeles en la cara. Puede ser que un fondo mutuo no cobre comisión por adelantado, pero puedes estar segura de que en algún momento vas a pagar. Hay tres lugares más donde pueden cobrar calladamente aunque no cobren por adelantado. ¿Cómo pueden ser tan habilidosos? No están violando ley alguna. No obstante, los inversionistas tienen el modo de saber qué es lo que cobran al leer el prospecto, el documento que los fondos mutuos envían junto con la solicitud. Los costos están descritos allí.

Comisión por venta, o "back-end load".

Puede ser que muchos fondos mutuos no te cobren al entrar —como los que cobran comisión por adelantado— pero te pueden cobrar al salir. ¿Cómo? Con la comisión por venta (*back-end load*). Cada vez que sacas dinero de tu cuenta, te cobran una comisión. Afortunadamente, esta comisión se va reduciendo cada año hasta que al fin desaparece, casi siempre después de cinco años. Un fondo con este tipo de cargos, por ejemplo, pudiera cobrarte 5 por ciento de la cantidad que saques de tu cuenta durante el primer año, 4 por ciento durante el segundo, y así sucesivamente hasta que ya no te cobran. Si quieres sacar dinero de tu cuenta antes de que desaparezca este cargo, tendrás que pagar según el tiempo que has tenido tu dinero en el fondo. Esta práctica está para desanimar a los inversionistas de que saquen dinero de sus cuentas prematuramente. Si ves el nombre de un fondo mutuo con "/B" al final, sabrás que cobra comisión a la salida. Vanguard no cobra una comisión de este tipo.

Proporción de costos regulares (expense ratio)

Los fondos mutuos incurren gastos al igual que cualquier otro negocio. Tienen que pagar alquiler, teléfono, artículos necesarios para conducir el negocio, salarios y demás. Estos gastos se pagan de las ganancias del fondo, antes de que las distribuyan entre sus inversionistas. La relación de gastos se calcula dividiendo el total de los gastos del negocio entre el promedio del dinero invertido en éste. Vanguard cobra una proporción de gastos de 0.18 por ciento, que se considera baja.

Comisión 12 b-1, o "12 b-1 fee"

¿No te parece que este es un nombre extraño para describir un pago? Ese nombre se debe a que ese es el número de la regla del Gobierno que le permite al fondo mutuo usar sus haberes para cubrir los costos de venta, publicidad y otros, que ocurren a consecuencia de la venta y distribución de sus acciones. La comisión 12 b-1 es un pago anual que se resta de los haberes del fondo. Vanguard Index 500 no impone esta comisión.

Aquí tenemos entonces los cargos que Vanguard cobra:

Comisión pagadera por adelantado   =   0
Comisión por venta   =   0
Proporción de gastos   =   0.18%
Comisión de 12 b-1   =   0
Total de gastos: 0.18%

En general, un fondo con un total de costos de menos del 1.5 por ciento se considera de pocos gastos.

Ganancias que te echas al bolsillo

Regresemos al rendimiento total de Vanguard. Aunque su departamento de publicidad anuncie estos resultados con orgullo, no son sus ingresos reales ni el dinero que se echan al bolsillo, porque no incluye los gastos del fondo.

Vanguard Index 500 tuvo un rendimiento total de 19.8 por ciento durante los últimos 12 meses. Al restarle el total de los costos del fondo, o 0.18 por ciento, queda un resultado neto de 19.62 por ciento. Además de ser un buen rendimiento, recuerda que el riesgo de este fondo es de "1", o sea, su beta es igual al beta del índice S&P 500.

Cuando analices un fondo mutuo, fíjate en el cuadro total. No te dejes deslumbrar por los resultados inmediatos, fíjate en los gastos y en el riesgo que estés asumiendo si inviertes en él. La inversión ideal es aquella que nos ofrece un fondo mutuo con un beta bajo y un rendimiento alto. Tu misión como inversionista bien informado es encontrar fondos mutuos que te ofrezcan los mejores resultados con los menores riesgos.

Vamos ahora a considerar otro fondo mutuo: Flag Investors Communications Fund, Class A. "*Communications*" en el nombre nos dice que éste es un fondo especializado o de sector. Esto también significa que debemos esperar una mayor volatilidad. La "A" quiere decir que es un fondo de comisión pagadera por adelantado.

GENERAL

Precio de venta	39.87	Cambio en el precio de venta	0.43
Precio de compra	41.75	Categoría de inversión	Ciencia y Tecnología
Valor total de activos (en millones de dólares)	1734.6	A la fecha	6/30/99
Dividendos		A la fecha	No está disponible
Volatilidad	7.21%	Beta	1.23

Fuente: quote.com

El precio de cada acción en este fondo es de $41.75 para los compradores y $39.87 para los vendedores. La diferencia es el costo de la comisión. Beta es 1.23, o 23 por ciento más alto que el beta del S&P 500. Recuerda que mientras más alto sea el beta, más volatilidad va a tener.

COMPORTAMIENTO AL 27 DE JULIO DE 1999

Comportamiento por 1 semana	−2.60%	Comportamiento por 26 semanas	17.60%
Comportamiento por 1 año	65.20%	Comportamiento desde el principio de año a la fecha de hoy	21.30%
Comportamiento por 3 años	50.70%	Rendimiento global por 3 años	242.60%
Comportamiento por 5 años	35.30%	Rendimiento global por 5 años	353.90%
Comportamiento por 10 años	22.40%	Rendimiento global por 10 años	653.40%
Comportamiento desde el comienzo del fondo	22.10%	Rendimiento global desde el comienzo del fondo	2,132.30%
Grado en quintos—1 año	3	Grado numérico—1 año	
Grado en quintos—3 años	1	Grado numérico—3 años	2 de 32
Grado en quintos—5 años	2	Grado numérico—5 años	6 de 22

Fuente: quote.com

Vamos a restar los costos de las entradas:

Nombre de la familia del fondo mutuo		BT ALEX BROWN	
Nombre del administrador		Behrens	
Señoría del administrador	1984	Teléfono gratuito	800-767-3524
Cargo máximo de comisión	4.50%	Cargo de 12b-1	0.25%
Comisión de venta	0.00%	Inversión mínima	2,000
Fin del año fiscal	12/31/97	Gastos generales	1.11%

Entrada en dividendos ($)	0.06	Entrada como resultado de ventas de activos	2.75
Frecuencia de distribución	Trimestral		
¿Plan de inversión continua?			
¿Plan de distribución sistemática?	Y		

Vamos a restar estos costos del rendimiento total de este fondo durante los últimos 12 meses para llegar al rendimiento neto que recibió cada inversionista: 65.20%–5.86%=59.34%. No parece mal.

Ahora hazte la siguiente pregunta: "¿Qué me parece mejor, invertir en un fondo con un beta que es 23 por ciento más alto que la Bolsa pero con este rendimiento?" Solamente tú puedes responder a esa pregunta. Camina esa cuerda floja entre la avaricia y el miedo. ¿Podrás sobrellevar las cosas si tu fondo sufre un aterrizaje forzoso? Tú decides.

Cómo llevar la cuenta de tu fondo mutuo

Las cotizaciones diarias en tu periódico local te ofrecen una forma fácil y sencilla de ver cómo van tus inversiones. Los fondos mutuos aparecen en orden alfabético por el nombre de la familia de fondos, seguidos de la lista que contiene todos los miembros de su familia.

Como los precios de las acciones de los fondos mutuos se calculan solamente una vez por día, no cambian de valor de la misma forma que las acciones individuales. Podrás calcular el valor de tu cuenta de fondos mutuos multiplicando el último precio de NAV publicado por el número de acciones que tengas en el fondo.

Revisa los puntos importantes que hemos aprendido acerca de tu fondo mutuo para asegurarte que las cosas no han cambiado desfavorablemente.

Cuando tu fondo no esté rindiendo lo mismo que otros fondos anuncian —como los anuncios que lees en las revistas— no te apresures a venderlo y comprar acciones en el otro. Si te acostumbras a estar saltando de flor en flor de esta forma, vas a acabar vendiendo por poco y comprando por mucho todo el tiempo, práctica que te costará mucho dinero a la larga. Si tu fondo ha bajado de valor, pero sus puntos fundamentales son aún buenos, el administrador no ha perdido la cabeza y sólo parece ser pequeños altibajos de la Bolsa, puede ser que haya llegado la hora de poner más dinero en tu cuenta. El administrador del fondo probablemente está tratando de volver al buen camino, así es que deja que haga su trabajo y cálmate. La mayoría de los inversionistas se impacientan y venden en un momento así, y pierden la gran oportunidad de comprar más acciones mientras el precio está bajo. Con los fondos mutuos, debemos buscar las gangas; a diferencia de las acciones.

La conciencia y el dinero

El dinero y el corazón no están reñidos. No tienes que sacrificar tus valores para ganarte un dólar. Hoy día existen suficientes fondos mutuos, llamados "fondos verdes", que escogen invertir exclusivamente en compañías que demuestran responsabilidad social, aquellas que se preocupan por el ambiente, pagan buenos salarios o apoyan los derechos humanos. Los fondos verdes también pueden evitar compañías que se aprovechan de las ventas de bebidas alcohólicas, del tabaco, los juegos de azar, la industria nuclear y las armas. Green Century Euquity, Domini Social Equity y Pax World son algunos de los fondos que estimulan la conciencia social en los negocios. Visita en el Internet a *www.socialfunds.com* y *www.greenmoney.com* para más información acerca de esta clase de inversión. Pero, no dejes de revisar los puntos fundamentales de cada fondo usando los conocimientos que has aprendido aquí. Después de todo, estamos hablando de hacer una inversión, no una obra de caridad.

Cómo organizar un club de inversionistas

En una de mis charlas, circulé un billete de cien dólares entre las personas asistentes —la mayoría de ellas mujeres— y les fui preguntando a cada una qué significado tenía ese billete para ella. El resultado fue una hilera de palabras que se referían a independencia, opciones y autoestima. Una de las mujeres en el grupo se echó a llorar cuando recibió los cien dólares. Sus problemas presentes giraban alrededor de sus finanzas y ese pedazo de papel verde era símbolo de todos ellos. En efecto, a muchas personas se les hace difícil ahorrar e invertir su dinero. Nuestra generación se enfocó en hacer carreras profesionales durante la década de los 80, y hoy se enfrenta a las realidades económicas que tal vez echaron a un lado entonces por tener muchas otras cosas en que gastar el dinero, como comprar una casa, pagar por la educación universitaria de los hijos y cuidar a nuestros ancianos padres.

A veces, las personas ocupadas relegan la inversión a un papel secundario. He oído decir a muchas mujeres que han llegado a puestos altos en el mundo ejecutivo: "Si tengo la inteligencia para una compañía, ¿por qué no puedo organizar mis finanzas". Han trabajado bien duro toda la vida, sin embargo, no han tenido la experiencia de sentir la liberación y la seguridad de sí mismas al ver que su dinero trabaja para ellas.

Un grupo de inversionistas se puede juntar y sacar provecho de la unidad del grupo. Se trata de personas que integran un club para invertir y se reúnen una vez al mes para aprender a ganar dinero de acciones y fondos mutuos. Las reuniones pueden durar alrededor de dos horas y en ellas se discuten las opciones para comprar y los méritos de las compañías cuyas acciones están considerando comprar. A muchos les gusta ser parte de un grupo de inversionistas, porque así no tienen que aprender solos y el aprendizaje les lleva menos tiempo, ya que las responsabilidades se reparten entre los miembros del grupo.

Para poder ingresar a un grupo de inversionistas, lo más probable es que tengas que empezarlo. Es difícil entrar en un grupo que ya esté establecido porque los miembros tienden a ser amigos o familiares entre sí. Sin embargo, cuando alguien sale del grupo, es posible que dejen que otra persona tome su lugar.

La organización de un club: busca gente que te agrade

Empieza con tu círculo de amistades y familiares ¿A cuántas personas debes invitar? Todo depende del tamaño del grupo que quieras formar. Hay una organización en Estados Unidos con el nombre de National Association of Investors Corp, NAIC por sus siglas en inglés. Es una compañía sin fines lucrativos a la que pertenecen muchos grupos de inversionistas. Esta organización recomienda como ideal un grupo de 24 personas. He visto grupos de ocho y grupos de 100. En mi opinión, 15 es un buen número de personas. Se van a necesitar suficientes miembros para colectar entre todos una buena cantidad de dinero para invertir.

Asegúrate de que reúnas un grupo que se lleve bien. Van a estar juntos dos horas corridas y no sería bueno que se pasara el tiempo discutiendo en vez de aprendiendo. Sí, las personalidades y la política se dan hasta en un grupo de inversionistas. Las cosas se pueden poner feas cuando hay discordia en el grupo.

Por ejemplo, un grupo de empleados en una oficina cometieron el error de invitar al jefe a que formara parte de su club. Esta persona resultó ser mandona. Lo peor de todo fue que no tenía la menor idea de cómo invertir, pero como los integrantes del grupo tenían que trabajar para ella, nadie quería refutar sus opiniones. El grupo comenzó sacando ganancias, pero se convirtió en una olla de grillos. Era tanta la tensión que los miembros comenzaron a darse de baja del grupo, hasta que se disolvió. Irónicamente, la disolución del grupo solucionó el problema. El jefe se fue. Mientras tanto, los empleados formaron otro grupo y ¡no le dijeron nada al jefe!

Otro grupo de mujeres caritativas no esperaban tener que arrepentirse de un acto caritativo. Una amiga de una de las socias enviudó. Sumida en la agonía y la soledad de su situación, la pobre no tenía consuelo. El grupo decidió adoptarla, hacerla su amiga y compañera de inversiones. Desde el momento en que nuestra buena señora llegó, el grupo se dio cuenta de que había cometido un error. ¡Resultó ser una gorgona! ¡Era pesadísima con todo el mundo! Este grupo había durado por décadas y, de pronto, se vio al margen de la ruptura. Nadie quería enfrentarse a la viuda porque les daba pena con ella. Después de todo, la pobre mujer acababa de perder a su esposo. ¿Cómo podían ser crueles con ella? Afortunadamente, la señora tenía una hija que vivía en otro estado y le pidió que se mudara con ella, y el grupo ¡se salvó!

Cuando invites a alguien a que forme parte del grupo, también cuídate de cómo lo haces. La experiencia personal me ha enseñado—al ayudar a cientos de grupos de inversionistas a formarse y aprender a invertir—que el problema no está en conseguir suficientes personas, sino en el tener que decirle a muchas: "No, no puedes ser miembro de nuestro grupo, ya está cerrado". Porque en cuanto se entera, todo el mundo corre a participar, aún los que pensabas que no les interesaban las inversiones. Conozco a dos hermanas que no se hablan, porque una no invitó a la otra a que ingresara en su grupo de inversiones.

Papeleo para comenzar

Cuando se forma un club para inversionistas, se crea una entidad comercial, lo que se conoce como una una sociedad. A pesar de que el club en sí no pague impuestos, las ganancias que reciban sus miembros tienen que reportarse, por los individuos y pagar los impuestos correspondientes en sus contribuciones sobre ingresos individuales. Escuchaste bien, el "IRS" quiere obtener su parte de tu grupito que se reúne en el patio de tu casa al igual que lo hace el de la corporación Xerox. Para organizar tu grupo, pide un paquete de organización que distribuye el NAIC. Éste contendrá una guía para organizar el grupo, los formularios legales que vas a necesitar y otros materiales útiles. Por un costo adicional, también podrás conseguir un programa para la computadora que te ayudará a llevar la contabilidad de las inversiones del grupo. Para conseguir esta información, uno de los miembros del club tiene que ser miembro del NAIC y pagar una pequeña cuota anual. Para más información, llama a esa organización al (877) ASK-NAIC o escríbeles a: National Association of Investors Corp., P. O. Box 220 Royal Oak, MI 48068. También puedes echarle un vistazo en el Internet en *www.better-investing.org.*

Lugar y hora para reunirse

Escojan el lugar más conveniente y la hora que mejor le cuadre al grupo. Puede ser un sábado por la mañana, en una de las casas de un socio, o una noche entre semana, en el salón de conferencias de la cámara de comercio. El sitio debe propiciar el aprendizaje. No es buena idea reunirse en un lugar con muchas distracciones, como el patio interior de un centro comercial. No debe haber bullicio en los alrededores que interrumpa la reunión. ¡Si alguien va a hacer un alboroto, debe ser el grupo!

Si es posible, no limiten la reunión a discutir solamente asuntos de negocios. Rompan el hielo con una o dos anécdotas. Mantengan ligera la cosa. Hagan, del grupo también uno social. Organicen fiestas, comidas campestres y buffets, donde cada miembro contribuya con su platillo preferido. Estas actividades ayudan a consolidar las buenas relaciones entre los socios.

Qué hacer en la primera reunión

- Denle un nombre al club. Diviértanse con esto. Yo he oído nombres chistosísimos como: B.M.W. (*Bull Market Women*), Las Muñecas del Dow, Grupo de Inversionistas Latinas y otros por el estilo. Sugieran todos y escogan mediante el voto. Es muy divertido. Cuando lleguen a un acuerdo acerca del nombre del grupo, se sentirán que le han dado vida a un ser querido. En realidad, es así. Después de todo, el club tendrá identidad propia, su propio número federal, cuenta de cheques e inversiones propias.

- Establezcan la meta. Pónganse de acuerdo en el estilo para invertir que tendrá el grupo. ¿Somos inversionistas conservadoras o arriesgadas? ¿Nos casaremos con las inversiones que hagamos, al comprar y esperar, o vamos a coquetear con ellas, comprar y vender? Al acordar la estrategia del grupo desde el principio, van a evitar discusiones desagradables que puedan resultar más tarde. Parece no tener importancia, pero las discordias en cuanto a cómo invertir han causado la desintegración de algunos grupos. Algunas de las socias querrán aprender lo más posible acerca de una compañía antes de lanzarse a comprar una acción, mientras que otras estarán ansiosas por comprar enseguida y aprender sobre la marcha. Una señora en uno de mis grupos dijo: "¡Ustedes las jovencitas! ¡Tienen dos centavos en el bolsillo y ya quieren comprar, comprar, comprar! ¡Están locas por deshacerse de su dinero!"

Ese comentario no le ganó amigos. Otro club con una filosofía diferente dice: "Oye, yo estoy aquí para hacer lo que no hago con mi propio dinero. Yo quiero sumergirme en la Bolsa y ver cómo se siente desde adentro". Estoy de acuerdo con esta filosofía. Al jugarte tu dinero tendrás más aliciente, aprender con más rapidez.

- Escojan una estrategia de inversión. Usen las lecciones que aprendieron con este libro para escoger acciones y fondos mutuos. El NAIC tiene su propia estrategia, como explica el libro que acompaña sus materiales. Aunque ésta es una buena organización, en mi opinión su estilo de invertir es difícil de comprender, tedioso de aprender y aburrido. Además, el NAIC solamente usa el análisis fundamental. Van a necesitar la ventaja del análisis técnico, también para aumentar las posibilidades de sacar ganancias.

- Elijan la directiva del grupo. Escojan personas responsables. Tal vez quieran rotar de oficiales cada año, para que un manojo de personas no tengan siempre el peso de esa responsabilidad. Las posiciones necesarias son:

  - Presidente. Esta persona abre la reunión y sirve de moderadora. No es un requisito del presidente tener conocimientos de inversiones, pero sí debe saber como manejar el club.
  - Vicepresidente. Esta persona tiene el trabajo más fácil de todas, pero su papel no tiene menor importancia que el de los demás. Su trabajo consiste en presidir si el presidente no puede. También, organiza los eventos sociales y asigna las responsabilidades a otros miembros, cuando sea necesario.
  - Secretaria. Esta persona toma notas durante las reuniones y le informa al grupo la hora, lugar y fecha de la siguiente reunión. Al principio de cada junta, la secretaria lee los minutos de la reunión anterior. No es necesario que saque

copias de sus notas para cada socio, siempre y cuando mantenga un récord de todas ellas. Esos informes se han presentado con terminología legal, de forma poética, con cantos o chistes. El formato no importa. Diviértanse y tomen las cosas con calma y buen humor.

- Tesorera. Este es el trabajo más importante del grupo. Ella recoge, deposita y mantiene la contabilidad del dinero de todos los miembros del club. También le entrega a cada miembro cuenta del valor de su parte en el club. La que quiera ser venerada, debe asumir este oficio. Hay grupos que eligen a dos personas con puesto de tesorero, pueden compartir las responsabilidades.

- Asistencia y participación. Una de las razones de más roces entre los miembros de un grupo, es la distribución desproporcionada del trabajo. Cuando formen su grupo, prepárense a aceptar el hecho de que algunos de sus miembros no van a trabajar. Así es la vida. No te molestes por eso, ni trates de imponer reglas que ahogan a los demás. Un club que yo conozco mantiene un récord estricto de la asistencia de sus miembros y el grado de participación en las reuniones. Un fallo y ¡hasta la vista, *baby*! peores que los militares. No obstante, es importante tener reglas. Hay grupos que excusan un número de ausencias antes de pedir la renuncia de un miembro. Hagan lo que más cómodo les parezca. Lo importante es ponerse de acuerdo desde el principio.

- Votación. Van a tener que votar en muchos casos, pero el voto más común será el que hagan para decidir en qué invertir. Por lo tanto, es importante que determinen cuántos miembros deben estar presentes —quórum— para votar y tomar una decisión por el grupo. No lo recomiendo. Durante los días festivos, muchos miembros estarán ausentes y el resto del grupo se verá imposibilitado de tomar decisión alguna por no tener los votos que dictamina la regla. Consideren lo siguiente: si el grupo necesita votar, no importa cuántas personas estén presentes. Si la mayoría de los presentes votan a favor de tomar una acción, la decisión estará hecha.

¿Dónde está el dinero?

Les recomiendo que durante los primeros tres meses de existencia en el club, cada miembro invierta $10 por mes. Esto no solamente le hará la vida más llevadera a la tesorera, sino que verán que el papel de tener un grupo de este tipo, no es el de darle una mordida a una gran parte de los ahorros personales, el dinero que costó sudor y sangre. Usen el dinero que usaran para jugar bingo. No quiero que vivan con el miedo de perderlo mientras aprenden a invertir. El miedo puede interferir con la habilidad de conseguir mayores ganancias. En cuanto sentimos miedo, instintivamente regresamos a donde nos sintamos protegidas. Van a sentir la tentación de sacar dinero del club, pero dejarán pasar la gran oportunidad de aprender. Sin embargo, si cada quién sólo contribuye $10 al mes, se sentirá mejor de tomar riesgos que de otra manera no tomaría. Pensarán: "Son sólo $10. ¿Para qué me preocupo tanto?"

Después del tercer mes, cada socia puede contribuir con más dinero, pero mantengan la cantidad en múltiplos de $10. Tengan piedad con la tesorera, cuya misión es llevar cuentas de todo. No querrán que a ésta se le empiece a caer el pelo. Un consejo: pongan una cesta cerca de la entrada para que los miembros del grupo pongan allí el dinero en cuanto lleguen a la reunión.

El dinero colectado se divide en dos partes: una para invertir, y otra para los gastos del club. La parte para los gastos debe ser de más o menos $100 para sufragar los gastos iniciales del club.

En lo que se refiere a la parte para las inversiones, cada $10 que deposite un miembro le dará el equivatente de una unidad. Cien dólares serán equivalentes a diez unidades. Inicialmente, mientras crece "la olla," es muy fácil descifrar cuántas unidades le pertenecen a cada quien. Pero una vez que se invierte el dinero, la contabilidad de las unidades y su valor puede complicarse. La información que provee NAIC explica que la tesorera debe llevar la cuenta del dinero manualmente, pero yo recomiendo encarecidamente que la lleve con la computadora. Es fácil de hacer y se calcula con rapidez la parte que le corresponde a cada socia.

Cada mes, el valor total de las inversiones se suma y se divide entre el número de unidades que tiene el club. Cada miembro recibirá cuenta por su porción, con el número de unidades que le corresponde y el valor de su cuenta individual. Por ejemplo, si Juana contribuyó $10 cada mes durante seis meses, habría depositado $60 y recibido seis unidades a cambio. Vamos a suponer que cada una de las otras nueve socias pusieron la misma cantidad. Después de esos seis meses, la olla de inversiones tendría $600. Cada miembro tendría seis unidades, el club tendría un total de 60 unidades.

Si, por ejemplo, el grupo decide invertir en MiniMed, la compañía de California que fabrica bombas de insulina, a $57.50 por acción, podrían comprar 10 acciones y pagar la comisión de $25 al corredor de bolsa con los $600. Ahora, si esta inversión aumenta a $70 por acción en tres meses, los $600 originales valdrían $700 ($70 X 10 acciones). ¿Qué parte le correspondería a cada miembro? Dividan los $700 entre 60 unidades, el resultado es de $11.67 por cada unidad. Juana tiene seis unidades, así es que a ella le corresponden $70. Las acciones de MiniMed pueden venderse con ganancias y el dinero se puede depositar de nuevo en la olla común para invertirse en una próxima oportunidad. Los individuos no debe apresurarse a sacar su dinero. Es recomendable que lo dejen con la colecta porque el propósito principal de ser parte del grupo es aprender a invertir. Con el dinero en la cuenta, el club puede reaccionar más rápida y eficazmente para la compra y venta de acciones.

Si lo desea, cada miembro puede depositar más dinero. Esa decisión es completamente confidencial, solamente la tesorera lo sabrá. Sin embargo, pongan un límite a la cantidad que cada una puede depositar. No es bueno que una persona esté poniendo $20 mientras que la otra está depositando $200. Eso podría hacerle sentir a la de los $200 que tiene más derechos. Limiten el depósito a una cantidad entre, digamos, $10 y $50 al mes. Tampoco le den al voto el valor de la cantidad que cada quién aporta. Una persona tiene derecho a un sólo voto. Punto.

Dónde comerciar

El dinero del grupo se debe depositar en una cuenta con una compañía de corredores de bolsa. Escojan ya sea un corredor de valores a descuento o uno en el Internet. No tiene sentido que contraten a un corredor que provee servicios completos, porque ustedes querrán aprender a tomar sus propias decisiones. Si deciden abrir una cuenta en la compañía de alguien que conozcan, no se sientan presionadas a hacer lo que el corredor les recomiende. El grupo mismo va a perfeccionar su propia estrategia, la cual puede o no coincidir con la estrategia del corredor. Para evitar una situación desagradable, busquen a otro corredor. El propósito del club es abrir caminos, no seguir por caminos viejos.

CAPÍTULO DIEZ

El sistema de las tres gavetas

¿No parece emocionante el mundo de la Bolsa? Yo he tenido clientes que han querido vender sus casas o sacar segundas hipotecas para invertir más en la Bolsa. Eso me pone los pelos de punta. ¡No lo hagas! Antes de que deposites lo último que te queda de ahorros en acciones y fondos mutuos, cálmate y pon las cosas en perspectiva.

Todas debemos tener tres gavetas en el sistema de planificación financiera. Imagínate que te gusta esquiar en la nieve de vez en cuando. Tal vez lo haces dos veces por año y el resto del tiempo ni te fijas en el equipo de esquiar, ni te acuerdas donde lo guardaste. Si solamente cuentas con un mueble de tres gavetas, ¿pondrías tu ropa de esquiar en la gaveta de arriba? Seguro que no porque no la usas con tanta frecuencia.

Si eres como yo, en la gaveta de arriba guardas la ropa interior de Victoria's Secret o Fruit of the Loom porque puedes llegar a ella con más facilidad. La gaveta de abajo es donde guardas las frazadas que pican, las que sólo usas cuando no te queda más remedio. Además, esa gaveta siempre se traba, ¿no es cierto? La gaveta del medio contiene todo lo demás; camisetas, pantalones cortos y faldas.

Organiza también tus inversiones con un sistema de tres gavetas. El dinero que vas a necesitar a menudo, el que necesitas diariamente y el que necesitas en casos de emergencia, debe estar en la gaveta de arriba. Este es el lugar para el dinero a corto plazo y el efectivo. El que no necesites tocar hasta que te jubiles va en la gaveta de abajo. Ahí van las inversiones a largo plazo que no puedes tocar hasta que hayas cumplido 59 ½ años de edad. Si lo haces antes, pagarás una multa al Gobierno. La ventaja de este tipo de cuenta es que no tienes que pagar los impuestos por ese dinero hasta que lo saques de la cuenta. La gaveta del medio es para el dinero cuyo propósito es crecer lo más rápido posible.

La gaveta de arriba

Vamos a abrir la gaveta de arriba. ¿Qué vemos en ella? El dinero de tus cuentas de ahorro y de cheques, certificados de depósito, fondos de mercado monetario o *money market funds* y pagarés del Tesoro (*T-bills*). Hazte la idea de que esta gaveta es una puerta giratoria por la cual entra y sale el dinero diariamente. Estos son recursos que vas a usar para pagar tus cuentas personales, comprar alimentos y pagar otros gasto. El costo de tu crucero anual al Caribe también debe salir de esta gaveta, después de todo, es una verdadera necesidad el separar una cantidad para el rejuvenecimiento, el relajamiento y la diversión

No compres acciones con el dinero de esta gaveta. No tiene sentido que amarres tu último centavo a la Bolsa de Valores, porque en cuanto tengas que comprar los víveres, tendrás que vender una acción. Vas a sentirte muy pobre si tienes la gaveta de arriba vacía. Al invertir el dinero que necesitabas para vivir, te vas a atormentar y a salir de la Bolsa en cuanto tengas el presentimiento de su inevitable bajada. También vas a vender en el momento más inoportuno por hacerlo cuando necesites el dinero y no cuando lo dicte tu estrategia. Ésta es una de las razones por las cuales las personas pierden dinero en la Bolsa. La gaveta de arriba debe contener el dinero para pagar tus deudas más otro poquito para que no te rebote ningún cheque del banco.

Un certificado de depósito, o CD, también pertenece a a la gaveta de arriba. Ésta es una cuenta de ahorro a tiempo fijo, pero a corto plazo amarra tu dinero por un tiempo a cambio de un interés más alto que el que recibirías en una cuenta de ahorro. Tendrás que pagar una multa si sacas el dinero antes de la fecha de vencimiento. El interés que se gana con un CD está sujeto a impuestos estatales y federales. La cantidad mínima que se requiere es casi siempre de $1,000 en adelante.

En la gaveta de arriba también se encuentran los pagarés del Tesoro (o *T-bills*). Estos son el dinero que le prestas al Gobierno. Como tales son inversiones muy seguras, ya que el Gobierno de Estados Unidos siempre paga sus deudas. Cuando haces este tipo de inversión, a cambio del préstamo al Gobierno, recibes intereses. Cuando vence el préstamo, recibes tu depósito inicial. Puedes comprar o invertir con vencimientos de 3 meses, 6 meses y un año. Puedes invertir $1,000 o más.

Puedes comprar un "T-bill" de un corredor de bolsa, pero tendrás que pagarle una comisión por abrir tu cuenta. También puedes comprarlo directamente del Departamento del Tesoro de Estados Unidos. Hay 36 bancos federales de reserva o "*federal reserve banks*" por todo el país, que te permitirán abrir una cuenta sin costo alguno. En Los Angeles el teléfono de este banco es (213) 624-7398. La dirección postal es P. O. Box 512077, Los Angeles, CA 90051-0077. En Nueva York, llama al (212) 720-6619 o al (212) 720-5823 (para escuchar un anuncio grabado). La dirección postal es FRB New York, P. O. Station, New York, NY 10045-0001. Se pueden conseguin otras direcciones locales de bancos federales de reserva en el Internet en *www.publicdebt.treas.gov*. Allí encontrarás instrucciones de cómo abrir una cuenta.

Los fondos del mercado monetario "*money market funds*" ofrecen otro lugar donde colocar el dinero que vas a necesitar rápidamente. En contraste con los CDs y los pagarés de los "T-bills," este tipo de inversión no requiere que te comprometas por ningún período de tiempo. Funciona como una acción o fondo mutuo de bono, con la excepción de que los administradores usan los T-bills y los préstamos de corporaciones a plazo corto para obtener las ganancias de un CD. Aunque estas cuentas no de tienen las garantías de las cuentas de ahorros de los bancos se consideran seguras. Estos fondos mutuos se pueden conseguir con la mayoría de las familias de fondos mutuos existentes.

¿Qué cantidad de dinero debes guardar en la gaveta de arriba? Una buena regla es que tengas por lo menos suficiente para los gastos de seis meses, por si pierdes el trabajo y un poquito más para los gastos misceláneos que se nos presentan. Aunque la mayoría de mis clientes protestan porque tienen demasiado dinero en esta gaveta, cuando lo pudieran tener en la gaveta del medio o en la de abajo. Trata de mantener un balance cómodo para ti. No ates dinero en la Bolsa que no pertenece allí.

Habrá algunas de ustedes que tengan tanto dinero en la gaveta de arriba que no tienen que preocuparse de que se les agote. Si ésta es tu situación, no te arriesgues con la Bolsa. ¿Para qué complicarte la vida? Yo les he preguntado a algunas clientas "¿Por qué estás aquí? Tú no tienes que preocuparte por la Bolsa. Tú ya eres rica". Aún con los bajos intereses que pagan las cuentas de ahorro, los T-bills y los *"money market funds"*, a estas clientas no se les va a acabar el dinero. No obstante, la mayoría de nosotras no estamos en esa deseable situación, así es que tenemos que invertir nuestro dinero y hacerlo bien, equilibrando el riesgo con la ganancia.

Si tu gaveta de arriba está vacía, ¿de dónde vas a sacar para invertir? O ganas más dinero, o gastas menos. A nadie le gusta oír estas palabras Pero siempre hay algo que podemos hacer para reducir los gastos sin reducir el nivel de vida que llevamos. Sé creativa.

La gaveta de abajo

No pongas nada en esta gaveta que estés planeando usar antes de cumplir 59½ años. Éste es un buen lugar para las cuentas de jubilación o retiro, como IRA, 401(k), 403 (b), Keogh y Sep-IRA. El dinero de estas cuentas se puede invertir en acciones, bonos u otros valores, pero no las puedes tocar hasta cumplir 59½ años. Aunque mientras tu dinero crece aquí, no tienes que pagar impuestos en las ganancias que vayas acumulando, pagarás los impuestos cuando saques el dinero de cualquiera de esas cuentas. Con este tipo de inversión los impuestos se difieren, pero no se eximen.

Muchos planificadores financieros les anuncian a sus clientes alegremente que las cuentas de jubilación son tan beneficiosas porque, cuando saques el dinero de ellas vas a estar en una categoría de impuestos más baja que la del presente. ¿Por qué debe una persona planear el bajar de categoría impositiva cuando se jubile? Yo espero estar al mismo nivel económico que cuando trabajaba. Eso significa que mis entradas van a ser las mismas de jubilada, que en los años en que trabajaba. Mi meta es mantener o mejorar el mi nivel de vida, no empeorarlo.

Así y todo, tiene sentido posponer los impuestos de las cuentas de retiro. En vez de diluir estas cuentas con el costo de estos impuestos, el dinero se queda en la cuenta por el presente trayendo más ganancias. Paga los impuestos más tarde, cuando tengas que hacerlo.

Mientras tanto, ¿qué debes hacer con ese dinero? Puedes transferirlo de una inversión a otra, sin consecuencia de impuestos. Estas cuentas, no importa donde estén, siguen siendo cuentas de jubilación, no sujetas a impuestos, hasta que saques el dinero de ellas. Las transferencias se pueden hacer directamente de una institución a otra, un método que yo recomiendo. Si sacas el dinero de una cuenta de retiro y físicamente recibes el dinero, tendrás que regirte por una serie de reglas gubernamentales para asegurarte de que no le debas al Gobierno ni multas ni impuestos.

Al dejar que una institución que escojas transfiera directamente el dinero de tu retiro a otra institución, sin que éste pase por tus manos, te evitarás dolores de cabeza. Sin embargo, asegúrate de que la institución no cobre cargos individuales. Pregúntale a tu compañía presente si incurrirás en gastos al transferir tu cuenta de retiro a otra cuenta en otra institución, antes de hacer ningún cambio.

La gaveta del medio

Le llamo a esta gaveta la gaveta de la avaricia. Las acciones, los fondos mutuos y algunos tipos de anualidades —para ustedes que ya hayan cumplido sus 59½ años— se guardan aquí. Ya sé que he dejado fuera varias inversiones que tal vez hayan oído mencionar, como las sociedades limitadas, los metales preciosos y otras. Este tipo de inversión tiene un aire de exotismo que provoca los comentarios, pero rara vez he visto que se les saquen ganancias.

La diferencia entre esta gaveta y la de abajo es su accesibilidad. Podrás tener acceso a las cuentas en esta gaveta sin tener que tomar en cuenta las reglas del Gobierno que rigen las cuentas de jubilación. Sin embargo, no pongas nada aquí que vayas a necesitar en los próximos dos a cinco años.

Usa el dinero en esta gaveta para comprar acciones, habiendo hecho los estudios de análisis fundamentales y técnicos que hemos aprendido. Los fondos mutuos también tienen aquí un lugar especial. Escoge fondos que contengan acciones, bonos o una combinación de ambos.

Si eres mayor de 59½ años, tal vez también quieras considerar una anualidad.

Una anualidad, o *"annuity"* es una cuenta de inversión con una compañía de seguros. No es un seguro de vida. Al comprarla, media un contrato entre esa compañía de seguros y tú. Depositas tu dinero en la cuenta y la compañía lo invierte por ti. ¿Te suena como un fondo mutuo? Funciona en una forma similar. Pero a las ganancias obtenidas en este tipo de cuenta se les difiere de los impuestos, al igual que las cuentas de jubilación.

Jubilación ¿No dijimos que esas cuentas estaban en la gaveta de abajo? Las anualidades caben en la gaveta del medio porque los inversionistas tienen acceso parcial a su dinero.

Por ejemplo, algunas cuentas permiten que se saque hasta el 10 por ciento del balance de la cuenta cada año, pero este tipo de cuenta requiere que, para sacar todo el dinero sin penalidades, tengas la cuenta por un período que puede variar de uno a quince años.

Hay tres clases de anualidades: la fija, la variable y la de índice. En una fija, la compañía de seguros garantiza que no vas a recibir menos que una cierta tasa de interés por tu dinero, por ejemplo el 3 por ciento. También se garantiza que el capital inicial no bajará de valor. A cambio de esa seguridad de la inversión original y el interés más alto que el de los bancos, los inversionistas están dispuestos a sacrificar el acceso total a su dinero por un período de tiempo. No obstante, las anualidades fijas tienen una ventaja: por lo regular no cobran gastos anuales por mantenimiento.

Cuando la anualidad es variable, la compañía de seguros invierte tu dinero en fondos mutuos. De acuerdo a las reglas de cada compañía, estos fondos podrían ser parte de familias de fondos populares, los cuales pudieras investigar con facilidad, o fondos a cuya información sólo esa compañía de seguros tiene acceso. Si la compañía es la emisora de los fondos, solamente mediante esa empresa podrás recibir la información.

La buena noticia con respecto a estas cuentas variables es que las ganancias pueden subir increíblemente dependiendo de los fondos que escojas. Pero recuerda que también pueden bajar de igual manera, porque la la compañía no garantiza los intereses en este tipo de cuenta. La única garantía que reciben los inversionistas es que si mueren durante el período de acumulación de la cuenta, sus beneficiarios recibirán la mayor cantidad entre el capital depositado originalmente y el valor final de la cuenta. Desafortunadamente, esa garantía no te sirve, sólo sirve para tus beneficiarios. Uno de ellos podrá darse el lujo de comprar un Porsche rojo al año, que tú nunca verás.

Esta protección contra la muerte que ofrece la compañía no es de gratis. Tendrás que pagar un pequeño por ciento del balance en tu cuenta para cubrir su costo. Hay otros costos asociados a estas cuentas variables además de los que cobran los fondos mutuos. Las anualidades variables también imponen multas por sacar el dinero prematuramente.

El tercer tipo de anualidad es el de índice. Esta clase de cuenta funciona como una de anualidad fija, pero el interés que gana está atado al crecimiento del índice del S&P 500. Funciona así: si el índice sube, los inversionistas reciben un porcentaje de ese aumento. Aunque la compañía puede cambiar periódicamente ese porcentaje, no podrá nunca bajar a menos de 50 por ciento de las ganancias del índice. Pueden llegar hasta 100 por ciento.

La diferencia mayor entre una cuenta de índice y otros tipos de anualidades es que si el valor del índice baja, el depósito original en la cuenta no disminuirá de valor. En algunos casos, la compañía de seguros garantizará el 3 por ciento de interés. De nuevo, este privilegio se concede a cambio de el acceso limitado, tal vez por varios años, a tu cuenta.

¿Por qué son atractivas las anualidades para los inversionistas? Aquellos que caigan dentro de una categoría tributaria alta, pueden usar esta clase de inversión para resguardar su dinero. Las cuentas de jubilación tienen límites impuestos por el Gobierno en cuanto a la cantidad de dinero que se permite invertir en ellas. Los que tienen mucho dinero y quieran retrasar el pago de los impuestos, ponen su dinero en anualidades.

Cómo escoger una anualidad

- Busca una que no tenga recargos anuales.

- Averigua si la compañía de seguros paga los intereses compuestos. Esto resultará en mayores ganancias para tí.

- ¿Te garantizan las ganancias ya recibidas? Deben hacerlo.

- ¿Es saludable la compañía? Lo menos que quieres es que fracase una compañía mientras y desaparezca tu dinero. Busca la clasificación de tu empresa en las publicaciones que las evalúan según su vigor financiero. A.M. Best, Duff & Phelps, Standard & Poor's y Moody's lo hacen. Sus informes acerca de compañías de seguros están a disposición en bibliotecas públicas y en el Internet. Prefiero el informe de A.M.Best, porque no le cobran a la comparía evaluada por sus servicios. Otras sí. ¿Puedes ver el conflicto de intereses en ésto? ¿Cómo puedes confiar en la clasificación que recibe una empresa si sabes que ellos le pagaron a la agencia que hace el informe? Las compañías de seguros reciben clasificaciones de A+, A, A−, B+, B, B− y así sucesivamente. Nosotras consideraremos solamente aquellas compañías que hayan recibido una clasificación de "A".

* Si ya tienes una de estas cuentas y no estás satisfecha con sus resultados, puedes transferir tu cuenta a otra. Pero antes averigua si tendrás que pagar multas. Algunas veces vale más pagarlas si las nuevas ganancias han de sobrepasar los gastos por salir de la cuenta.

* Siempre pregúntate lo siguiente: "¿Hay algo que debo saber acerca de esta cuenta que no he preguntado todavía?" Querrás saberlo todo y, tal vez, la respuesta te sorprenda.

Cómo rellenar tus gavetas

Vamos a repasar las gavetas y su contenido:

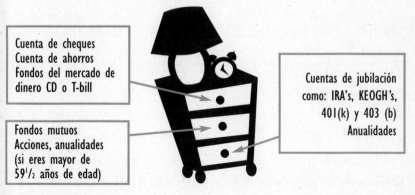

Cuenta de cheques
Cuenta de ahorros
Fondos del mercado de dinero CD o T-bill

Fondos mutuos
Acciones, anualidades
(si eres mayor de 59½ años de edad)

Cuentas de jubilación como: IRA's, KEOGH's, 401(k) y 403 (b)
Anualidades

¿Dónde colocas tu dinero?

Empieza con la gaveta de arriba. Los salarios, las comisiones y cualquier otra entrada debe ir en esta gaveta cada mes. A fin de mes, el dinero que te sobre antes de que deposites las nuevas entradas, se debe mover a la gaveta del medio. Pero no te vuelvas loca. Acuérdate dejar una cantidad en la de arriba para esas cuentas que surgen una o dos veces al año, como la del seguro del auto y los impuestos trimestrales o los de bienes y raíces. También piensa en añadirle un poquito más a la gaveta de abajo, pero recuerda que tienes que estar dispuesta a despedirte de este dinero hasta tu retiro.

Si no tienes dinero que te sobre para poner en las otras dos gavetas, mira tus gastos y decide si quieres invertir o no. Si así lo quieres, tendrás que hacer cambios en la forma en que gastas el dinero.

A medida que se acumulen ganancias en la gaveta del medio, tal vez quieras mover parte de a la gaveta de abajo. Lo que decidas dependerá del sector impuestos donde caigas según tus ingresos.

Cambia el orden de las gavetas

Cuando te jubiles, ¿cómo utilizarás las tres gavetas? Saca cuentas de cuanto necesitas al mes para vivir cómodamente y toma esa cantidad de las gavetas del medio y de abajo, y ponla en la gaveta de arriba.

Pero para entonces, ¿cuánto tendré en esas gavetas? Todo depende de cuanto has ahorrado y de las ganancias obtenidas de las inversiones.

El plan de ahorro

Todas tenemos una idea diferente de cuanto dinero hemos de necesitar cuando nos jubilemos. Depende de las necesidades individuales y del estilo de vida. Vamos a hacer unos cálculos. Si inviertes $100 al mes, ¿cuánto tendrías al retirarte? La respuesta se basará en varios factores. Mira la tabla siguiente:

$1,200 al año a diferentes intereses compuestos anualmente
(valores a fin de año)

	5 Años	10 Años	15 Años	20 Años	25 Años	30 Años	35 Años	40 Años
3%	6,182	14,169	22,988	33,211	45,063	58,803	74,731	93,195
5%	6,962	15,848	27,188	41,662	60,135	83,713	113,803	152,208
10%	8,059	21,037	41,940	75,602	129,818	217,131	357,752	584,222
15%	9,304	28,018	65,660	141,372	293,654	599,948	1,216,015	2,455,144
20%	10,716	37,380	103,730	268,831	679,652	1,701,909	4,245,610	10,575,154

Según esta tabla, si inviertes $1,200 al año o $100 mensualmente, y obtienes una ganancia promedio de 5 por ciento al año habrás acumulado $6,962 en cinco años. Al cabo de 15 años, el balance sería de $27,188. ¿Cuánto sería en 35 años? $113,803. Pero, ¿cuánto tendrías si en vez de 5 por ciento, pudieras obtener 15 por ciento? Tu cuenta crecería a $9,304 en cinco años, a $65,660 en quince y a $1.2 millones en 35.

Imagínate que te las arreglaste para invertir el doble de esa cantidad por año. Tendrías un balance del doble de lo que ves en la tabla. Por ejemplo, tendrías $282,744 después de veinte años, si obtuvieras una ganancia de 15 por ciento al año. Si solamente puedes ahorrar $50 al mes, ese total sería la mitad. Por lo tanto, una inversión que te rinda 10 por ciento equivaldría a $20,970 al cabo de 15 años.

Cuánto te dure ese dinero depende de cuánto gastes al año y cuánto siga ganando lo que queda. Mira la próxima tabla.

Porcentaje de la cantidad original que uses por año	Rendimiento total anual que se gane en el balance restante de la cuenta						
	3%	4%	5%	6%	7%	8%	9%
	Tu dinero te durará . . .						
4%	46 años						
5	30	41 años					
6	23	28	36 años				
7	18	21	25	33 años			
8	15	17	20	23	30 años		
9	13	14	16	18	22	28 años	
10	12	13	14	15	17	20	26 años

Si tienes $300,000 en tu cuenta de retiro, ¿cuánto tiempo podrás vivir con esa cantidad? Para calcular si vas a tener suficiente o no, primero determina qué porcentaje de ese dinero vas a necesitar, al año para vivir. Entonces, saca la cuenta de qué porción, de tus fondos de retiro, representa. Por ejemplo, $18,000 al año de esta cuenta de $300,000, equivales a 6 por ciento que necesitas retirar de la cuenta cada año ($18,000 dividido entre $300,000 y multiplicado por 100). Busca la línea de 6 por ciento en la columna izquierda de la tabla, pon un dedo sobre el número y busca el interés o ganancias que estás acumulando con tus $300,000. Supongamos que esa ganancia es de 4 por ciento. Busca este número en el encabezamiento de la tabla y mira dónde se unen las columnas y verás el número 28. El dinero te durará 28 años.

Si quieres un retiro más cómodo, vas a tener que sacar más dinero. Vamos a suponer que sacas 10 por ciento al año, o $30,000. Quieres viajar, dedicarle tiempo a nuevas aficiones y disfrutar la vida al máximo. ¿Cómo vas a darle el frente a esos gastos y sacar tanto dinero de el? Lo harás si has estado ganando un promedio de 9 por ciento en tu cuenta. Tu capital te va a durar tanto tiempo como el que le corresponde a la ganancia de 4 por ciento, 26 años. Para vivir mejor, no tienes que invertir más dinero, sólo aumentar las ganancias. La cuenta que te da ganancias al 4 por ciento te permitira sobrevivir, pero con la del 9 por ciento vivirás a gusto.

¿Ves lo importante que es invertir en la Bolsa? Solamente las acciones pueden darte un rendimiento promedio anual de 10 por ciento. Así es que maneja tu dinero hábilmente. Puede significar la diferencia entre caminatas por el parque público del vecindario y paseos por las playas de las Bahamas.

CONCLUSIÓN

Hemos conversado de corazón a corazón acerca de cómo ganar dinero. Espero haber despertado en ti el deseo de invertir. Si lo he logrado, entonces valió la pena escribir este libro. Mi meta fue enseñarle a la inversionista principiante, los instrumentos que necesitará para empezar a planear un futuro económico seguro. De la mano, nos paseamos por *Wall Street* y espero que te sintieras a gusto. No estuviste sola.

Las herramientas que has aprendido a usar son solamente un paso hacia estrategias más complejas. Permíteme decirte algo que probablemente no vas a leer en ningún otro libro que trate de inversiones: no existe una sola y única estrategia perfecta para invertir. Si sólo hubiera una forma de invertir exitosamente, ¿para qué servirían tantos libros acerca del tema? Una vez que adquieras experiencia, vas a desarrollar tu propia estrategia, basada en lo que has leído y aprendido. Vas a combinar estilos hasta llegar al tuyo propio.

Cada una de nosotras tiene su propio estilo personal. Igual que esas modelos flacas no pueden ser las únicas que luzcan bien en bikinis de tiritas, cada una de nosotras tiene un estilo de traje de baño que nos favorece. Tal vez el tuyo es el de una pieza, o el de dos piezas. Quizás te guste combinar dos trajes distintos. Con la moda, al igual que con la inversión, combinarás distintos estilos hasta llegar al que te haga sentir cómoda.

Lo importante de la vida

Después que te sumerjas en el mundo de las finanzas, no pierdas la perspectiva. Recuerda las piedras. Éstas son una metáfora para lo que de veras importa en la vida. Permíteme que te relate un cuento.

Un día, un experto en el manejo del tiempo le estaba dictando una charla a un grupo de estudiantes de comercio. Para ilustrar un punto, les dio un ejemplo que ninguno de ellos olvidará jamás. Les dijo: "Es hora de que tomen una prueba".

Sacó un recipiente con capacidad para un galón y lo colocó sobre una mesa. Sacó una docena de piedras del tamaño de un puño y cuidadosamente, una a una, las colocó adentro del recipiente Cuando estuvo repleto hasta arriba y no quedaba espacio para más piedras grandes, se dirigió a los estudiantes y les preguntó: "¿Está lleno el recipiente?"

Todos en la clase dijeron que sí. Entonces, el profesor: les dijo "¿De veras? Se agachó y sacó debajo de la mesa un cubo de grava. Lo vertió sobre el recipiente, sacudiéndolo de lado a lado hasta que la gravilla descendieron hasta el espacio entre las piedras grandes. Volvió a preguntar: "¿Está lleno el recipiente?"

Para entonces, la clase ya estaba advertida y respondió que probablemente no. "¡Muy bien!" Dijo el maestro agregándoles un cubo de arena al recipiente. Los granitos llenaron los espacios que la gravilla y las piedras no ocuparon. De nuevo, el profesor les hizo la misma pregunta: "¿Está lleno el envase?" "¡No!" gritó la clase a coro. El profesor dijo calmadamente, "Muy bien". Sin nada más, sacó una jarra con agua y la virtió en el mismo recipiente llenándolo hasta que comenzó a desbordarse. Miró entonces a los estudiantes y les preguntó: "¿Cuál fue el propósito de este ejercicio?" Uno de los chicos más listos de la clase levantó la mano y dijo: "El propósito fue reconocer que, no importa lo ocupados que estemos, con esmero, siempre hallaremos el tiempo para hacer algo más".

"No," dijo el maestro. "Ese no fue el propósito. Lo que ilustra este ejercicio es que si tú no colocas las piedras más grandes primero, no van a entrar".

¿Cuáles son las piedras grandes en tu vida? ¿Son el tiempo compartido con tus seres queridos? ¿Son tu fe, tu educación, tus sueños? ¿Serán acaso una causa noble como servir de inspiración o de mentora a otro menos afortunado que tú? No dejes de meter estas piedras antes que todo lo demás porque si no nunca podrás meterlas. No cedas tus principios ni tus creencias.

Creo firmemente que cuando hacemos lo que más nos gusta hacer, el dinero no nos ha de faltar.

Sigamos la jornada

Me siento como la mamá pájara empujando a sus pichoncitos para que salgan del nido. He tratado de darte la información que necesitas para que abras tus alas y vueles al mundo de las inversiones. Pero, como toda madre, quiero que sepas dónde puedes encontrarme si me necesitas. Te estaré esperando en *http://www.JulieStav.com*.

En este sitio encontrarás cómo repasar lo que has aprendido. Te mantendré informada de los cambios que ocurren constantemente en la Bolsa, te ayudaré a descifrar el estado del ambiente en la misma, te mostraré una lista de acciones que llenen nuestros requisitos y te ayudaré a determinar el mejor momento para invertir en las compañiás más prometedoras. Desde aquí también te puedo ayudar a organizar y establecer un exitoso grupo de inversionistas que se base en la educación y la versión donde tú y las otras personas del grupo compartan intereses y estilos de vida.

Visítame y envíame un mensaje electrónico con tus preguntas, comentarios y sugerencias, para que podamos llegar a conocernos mejor y, mediante nuestra experiencia colectiva, ayudar a todas las que están por venir.